Del Madrid castizo
Sainetes

Letras Hispánicas

Carlos Arniches

Del Madrid castizo
Sainetes

Edición de José Montero Padilla

DECIMOSEXTA EDICIÓN

CÁTEDRA
LETRAS HISPÁNICAS

Ilustración de página 52 cedida por *México,*
Libros y Grabados antiguos.
Huertas, 20. Madrid.
Reproducción fotográfica: Fernando Suárez

1.ª edición, 1978
16.ª edición, 2024

Reservados todos los derechos. El contenido de esta obra está protegido
por la Ley, que establece penas de prisión y/o multas, además de las
correspondientes indemnizaciones por daños y perjuicios, para
quienes reprodujeren, plagiaren, distribuyeren o comunicaren
públicamente, en todo o en parte, una obra literaria, artística
o científica, o su transformación, interpretación o ejecución
artística fijada en cualquier tipo de soporte o comunicada
a través de cualquier medio, sin la preceptiva autorización.

© Herederos de Carlos Arniches
© Ediciones Cátedra (Grupo Anaya, S. A.), 1978, 2024
Valentín Beato, 21. 28037 Madrid
Depósito legal: M. 48.816-2010
I.S.B.N.: 978-84-376-0143-4
Printed in Spain

Índice

INTRODUCCIÓN

    El hombre 11
    La obra 19
    Del Madrid castizo 29
    La pareja científica 40

BIBLIOGRAFÍA 46

DEL MADRID CASTIZO

    Prólogo 51
    Los pobres 53
    Los culpables 61
    El premio de Nicanor o ¿a quién le doy la suerte? ... 69
    Los neutrales 77
    El zapatero filósofo o año nuevo, vida nueva 85
    Los pasionales 93
    La risa del pueblo 103
    La pareja científica 111
    Los ateos 125
    Los ricos 137
    Los ambiciosos 145
    Los tiros 155

Introducción

El hombre

Resumen biográfico

Carlos Arniches y Barrera nace en Alicante el 11 de octubre de 1866 —el mismo año en que vieron también la primera luz Jacinto Benavente y Ramón del Valle Inclán. De familia modesta —su padre era empleado de la fábrica de tabacos alicantina—, realiza los primeros estudios y, muy joven todavía, marcha a Barcelona. En esta ciudad trabaja en comercios, escribe versos y hace algo de periodismo. Pronto se traslada a Madrid —1885— y en la capital, tras unos comienzos difíciles («Empezó su tragedia —escribiría el actor Enrique Chicote—: hambre, botas rotas, por lecho un banco del Prado»), consigue estrenar, por primera vez, en el teatro Eslava, en 1888, su obra *Casa editorial,* revista escrita en colaboración con Gonzalo Cantó y con música del maestro Rafael Taboada. Se trata de una sátira sobre temas literarios y teatrales. Algunos de sus personajes son la Poesía lírica, la Zarzuela, la Novela Española... Otro personaje es un editor que recibe el nombre de Don Justo Dogal. A este estreno siguen los de *Las manías, Ortografía, La verdad desnuda,* en el mismo año y con el mismo colaborador; el de *Sociedad secreta* (1889), en colaboración con Sinesio Delgado, Celso Lucio y Manzano; el de *Panorama nacional* (1889), en colaboración con Celso Lucio... El 26 de noviembre de 1890 da a conocer la primera obra exclusivamente suya, un juguete cómico titulado *Nuestra señora*. Vuelve a las colaboraciones hasta que, en 1896, estrena otra obra sólo suya, la zarzuela *La banda de trompetas*, y dos años más tarde logra su primer gran triunfo con *El santo de la Isidra*, «sainete lírico de costumbres madrileñas», con música del maestro Tomás L. Torregrosa. La presencia del nombre de Carlos Arniches, solo o en colaboración con otros autores, se hace asidua a partir de entonces en los escenarios madrileños. El llamado «género chico», tan en boga en ese tiempo, adquiere así uno de sus más ilustres representantes. Vienen después los éxitos —si pensamos en las obras que son fruto exclusivo de la pluma arnichesca— de *La Fiesta de San Antón* (1898), *La cara de Dios* (1899), *Las estrellas* (1904), *El amigo Melquiades, o por la boca muere el pez* (1914)... Así hasta llegar, a través de una vida íntegramente dedicada al teatro y con muchos éxitos resonantes, a *Don Verdades*, estrenada ya póstumamente.

Paralelamente, colabora con diversos autores —Enrique García Álvarez, Celso Lucio, Gonzalo Cantó, Joaquín Abati, José Jackson Veyan, Antonio Estremera, Antonio Paso, José López Silva, Carlos Fernández Shaw, Ramón Asensio Mas, Sinesio Delgado, José de Lucio, Juan G. Renovales...— con los que también obtiene triunfos extraordinarios: *El cabo primero,* con Celso Lucio; *El puñao de rosas,* con Asensio Mas; *El terrible Pérez, El perro chico, El pollo Tejada, Alma de Dios, El trust de los tenorios,* con Enrique García Álvarez; *Serafín el pinturero,* con Juan G. Renovales; *Don Quintín el Amargao,* con Antonio Estremera...

No hay grandes relieves en la existencia de Carlos Arniches, que, observada de cerca, se destaca por su perfil honesto, señorial y laborioso. Casado en 1894, con Pilar Moltó y Campo Redondo, fruto de este matrimonio son cinco hijos: Carlos, José, Fernando, Pilar y Rosario. Hombre de hogar, su vida familiar se caracteriza por su intensa afectividad. Acaso esta afectividad aceleró su muerte. Ausente de España su hija menor, Rosario, recibe en febrero de 1943 la noticia de su muerte. Se refugia en el trabajo y termina *Don Verdades,* su última obra, y, repentinamente, la muerte le llega, a causa de una angina de pecho, en la madrugada del 16 de abril de ese mismo año.

Arniches y Madrid

Alicantino por su nacimiento y con un recuerdo afectuoso siempre para su rincón natal, Arniches fue, a la vez, un madrileño de residencia y de vocación. Vecino de la Villa desde muy joven, en ella vivió y triunfó. Y el espíritu, las costumbres y la gente de Madrid constituyen fuente fundamental para su obra. Cristóbal de Castro se refirió, con exactas y bellas palabras, a esta relación entre el escritor y la capital de España: «Tras unos comienzos de novel aleatorio y oscuro, Chapí, su paisano y padrino, lo lleva a Apolo, donde la *Leyenda del monje* le abre las puertas de la popularidad. Y en Apolo inicia aquel ciclo de zarzuelas con García Álvarez, que le erigen en metropolitano de la catedral del género: el género chico. La vida y las costumbres del pueblo de Madrid tienen una gran tradición teatral desde Don Ramón de la Cruz hasta Luceño, López Silva, Ricardo de la Vega o Javier de Burgos. Arniches llega a ser, indiscutiblemente, el maestro de los sainetes contemporáneos, con o sin música; y cuando los gustos y la atención del público se desvían de esos temas cultiva la comedia de costumbres y el melodrama, el drama rural y, por último, inventa un nuevo género: la tragicomedia. El Centro de Hijos de Madrid, el Círculo de Bellas Artes, el Montepío de Actores, el Casino de Madrid, solicitan del Concejo Madrileño que se dé el nombre del ilustre sainetero a la calle del Peñón, donde Arniches había contemplado y observado muchos de esos tipos que después llevaría a las tablas. Pero existía en el Ayuntamiento el acuerdo de no perpetuar con ese procedimiento los nombres de las personas en vida de éstas. Por fin, con carácter de excepción, el autor recibe ese homenaje municipal, y cuando muere, los vecinos de la calle de Arniches, espontáneamente, cubren la lápida que rotula esta modesta vía de los barrios bajos con flores y pañuelos de crespón negro. En 1930 se pide para él la medalla de la Villa, y en 1942 celebra sus bodas de oro con el teatro. La mayoría de sus obras se hacen centenarias en los carteles. Actores hay, como Loreto Prado, Enrique Chicote, Castrito, Casimiro Ortas, Anselmo Fernández o Valeriano León, que deben más de la mitad de su personalidad a las invenciones arnichescas. El amor del público hacia la obra de Arniches y el respeto que inspira su presencia llena de dignidad y entereza y adornada siempre con una flor o con un brillo de guasa que iluminaba como una chispa los menudos cristales de sus lentes, no cesan jamás. Cuando se efectúa su entierro y el cortejo fúnebre atraviesa las calles de la capital, un guardia urbano, uno de esos guardias de Madrid que don Carlos había reflejado tantas veces en sus obras costumbristas, pregunta a alguien que figura en la comitiva: «¿Quién es el muerto?». Y cuando el guardia oye el nombre del sainetero, se quita el casco, abandona su puesto y se suma al cortejo, con lágrimas en los ojos.

Autorretrato

Arniches, poco antes de morir, trazó su autorretrato, con palabras que reflejan, expresivamente, su aspecto físico, su perfil moral, su espíritu de laboriosidad:

Soy un hombre viejo, de muchos años; pongan ustedes los que quieran, que no me molesto. Yo tengo la culpa, por haberlos vivido. Alto, todavía esbelto, hasta cierto punto; correcto y moderado en el vestir, y de no mala facha, pues según han dicho algunos biógrafos, tengo un cierto aire de personaje yanqui. No sé si esto será cierto, porque yo no me he sentido nunca ni personaje ni yanqui; pero como el trazo no me disgusta, aquí queda. Guapo no lo soy —no quiero engañar a nadie—, y ade-

más, a estas alturas, ¿para qué? Tengo los ojos pequeños..., y cuidado que he visto cosas...; ¡y la nariz, grande y de mala calidad; me acatarro mucho! La boca..., la boca no sé cómo la tengo...; desde luego, harta de decir lo que no quiere, y claro, así, ¡quién la tiene presentable!... Y soy un poco cargado de espaldas; de espaldas y de otras muchas cosas. ¡Hay en la vida tanta cosa cargante!...

Esta es mi cuadratura física. La moral es peor..., peor para mí, naturalmente. Soy un trabajador infatigable. Presumo de esto con cierta razón. Estoy en el yunque desde los catorce años. Al principio, de dependiente de comercio; luego, de aprendiz de periodista, y, por último, desde los dieciocho, de autor cómico. Y aquí me quedé, y con no mala suerte. Cuando cumplí veinte primaveras, y se cobraba por una obra en un acto ocho o diez pesetas, a repartir entre los dos o tres colaboradores —y ahora se explicarán ustedes lo de «primavera»—, me llamaban «el rey del trimestre»; porque los hubo que llegué a cobrar tres y cuatro mil pesetas, que es lo que se cobra ahora, en dos días de buena entrada, con una comedia de regular fortuna. El público me ha querido bien; la prensa, así, así...

Con mis colaboradores también he tenido suerte. Mucha parte de mi labor teatral está hecha en colaboración; y todos mis colaboradores han sido superiores a mí en talento y aptitud. Se ha llegado a decir —impreso está— que a algunos de ellos los he explotado. Esto es una pequeña exageración. Explotar a nadie, no. No sé. Si hubiera sabido explotar, me hubiera explotado a mí mismo y no hubiera colaborado con nadie.

Ni he sabido explotar ni adular. Por eso, mis éxitos me han costado carísimo; y por eso me ha ocurrido con ellos lo que le ocurriría al individuo aquel que pescaba las truchas con mazo. Y que una vez, ante aquel extraño sistema, le preguntó un curioso: —Oiga usté, amigo, ¿y así, con el macito, pesca usté muchas? —Hombre, no; pesco pocas; ahora, que la que pesco, ¡la hago polvo! Eso me ha pasado a mí con mis éxitos. No sé cuántos, pero el que he pescado, extraordinario. Díganlo Alma de Dios, El santo de la Isidra, El puñao de rosas, Es mi hombre, El padre Pitillo, *en* Buenos Aires... La chica del gato... *y varias más... Cuatrocientas, quinientas... setecientas representaciones... Pero cifras todas de una exactitud capaz de complacer a Pitágoras. Tan exactas han sido mis numeraciones que, a este propósito, voy a referir una anécdota curiosa.*

En una ocasión, para que coincidieran las doscientas representaciones de una comedia mía con el día de mi cumpleaños (todos proyectamos tonterías), le pedí a Valeriano León que adelantara la numeración tres fechas...

—«No es serio, don Carlos —me dijo. —Hombre, ya lo sé; pero hazme ese favor, que se trata de mi cumpleaños... —Pues cúmplalos usté tres días después...» Y así lo hice; en vez de cumplirlos el miércoles, los cumplí el sábado.

Y volvamos a mi autorretrato. Tengo grandes defectos. El primero, que no soy hombre práctico; y lo sospecho, porque he ganado varios millones y no tengo ninguno. Otros: No voy a los cafés, ni hablo mal de los compañeros, por motivos que tenga, y no he negado nunca favor que haya podido hacer.

Ahora, eso sí, he tenido, en cambio, dos condiciones magníficas. La primera, que he sido un trabajador de una perseverancia heroica. Todos los días, a las nueve, estoy trabajando. Estreno; tengo un gran éxito; al día siguiente, a las nueve, trabajando. Estreno; me dan una grita que me aturden; al día siguiente, a las nueve, trabajando. ¡Que se necesita ánimo!... después de un fracaso... «Probad y os convenceréis», como se recomienda en los anuncios. Pero así he podido sobrellevar cincuenta y cuatro años de profesión... y hacer trescientas comedias...

Y otra cualidad magnífica que me adorna —y esta sí que es de excepción y que se la recomiendo a ustedes— es que en toda mi vida no me he movido de mi localidad.

Ustedes se preguntarán, un tanto asombrados: ¿Y qué es esto de no haberse movido de su localidad? ¡Ah, pues una cosa interesantísima, que les voy a explicar, y que es lo que nos trae revueltos a casi todos! Verás ustedes: Yo creo que el mundo es un teatro, y que cada uno tenemos designado, por nuestro mérito, un sitio en él para asistir a este espectáculo de la vida. Pero el mal gravísimo es que en este teatro casi nadie está en su localidad. Todos nos creemos preteridos con la que nos repartieron, y, desde luego, mal acomodados. ¿Por qué voy a estar yo en la fila vigésima y Fulanito en la primera? —se preguntan muchos. Y se busca un «acomodador» amigo y se le dice: «—Oye, yo me voy a sentar en las primeras filas; tengo más derecho que los que están. —Bueno, pues siéntese aquí, en la segunda, en el dieciocho, que está vacía. Si viene el ocupante, ya le avisaré.»

Y como casi todo el público se halla colocado en iguales condiciones de interinidad que nuestro amigo, en cuanto se oye el taconeo de un nuevo espectador que entra, todo el mundo se siente desasosegado e inquieto, pensando: «Ese viene a echarme», creyendo, claro, que le van a someter al bochorno de levantarlo, enviándole a la última fila, que es donde tiene su sitio. Y de aquí viene el hablar mal de los que están delante, el renegar de los que llegan, la hostilidad hacia el que pide ser justamente acomodado..., etc., etc.

Pues bien; a mí, ese malestar no me ha torturado nunca. A mí me dieron una localidad, fila catorce, número veintidós, y fui y me senté en ella, y en ella estoy; y no ha habido, en los años que tengo usufructuados, quien me eche de ella; y desde ella he visto el trasiego de tantos desesperados, que de las primeras han tenido que irse a las últimas filas, y no los han echado del local porque no estaba reservado el derecho de admisión.

Mi localidad es modesta, sí, ¡pero qué tranquilidad, qué apaciblemente leo el periódico en los entreactos, contemplando el ir y venir de los ambiciosos, de los envidiosos, de los audaces, que no acaban de encontrar su puesto; y no lo encuentran porque la vanidad tiene mala acomodación!

Tan tranquilo estoy en mi modesta butaquita, que yo me permitiría decir a todos: «¡Señores, cada cual a su asiento!...» Es lo justo y lo razonable; porque piensen ustedes que al fin, cuando el espectáculo de la vida termine, hemos de ir a otro, donde no hay manera de sobornar al acomodador, porque el acomodador es el Tiempo, que no tiene amigos, y que ha de colocar a cada uno, sin apelación, en el sitio que merezca, el que lo merezca; o en el recuerdo o en el olvido.

La obra

El «género chico»

El tradicionalmente denominado «género chico» se inicia con una obra de Tomás Luceño, *Cuadros al fresco,* estrenada en Madrid, en el teatro Lope de Rueda (que estaba en la calle del Barquillo), el 31 de enero de 1870, y que, según su mismo autor, no era sino «una descripción del Madrid de madrugada, con sus tipos, con sus incidentes...». Da comienzo así un género que si, inmediatamente, se explica por reacción contra la zarzuela grande y contra la opereta de origen extranjero, entronca, a su vez, con una línea muy nuestra de observación costumbrista, llevada a la escena, que tiene hitos y nombres bien representativos en los pasos y entremeses de Lope de Rueda, de Cervantes, de Quiñones de Benavente, en los sainetes de Ramón de la Cruz... y que viene a enlazar con los autores del «género chico»: Ricardo de la Vega, López Silva, García Álvarez, Felipe Pérez, Miguel Echegaray, Joaquín Abati, Jackson Veyan... Los cuales tuvieron la suerte, además, para la mayor popularidad de sus creaciones, de coincidir con una generación de admirables músicos: Bretón, Chapí, Caballero, Giménez, Serrano, Chueca, Valverde, Vives... (Aunque la obra del «género chico» podía ser con música o sin ella, ésta acompañaba en la mayoría de los casos.) El sentido de observación y reproducción de ambientes se aplica especialmente a Madrid, y, así, un determinado «madrileñismo» es otro de los rasgos específicos que informan el género. Cierto que en algunos casos —*La alegría de la huerta, El puñao de rosas,* etc.— la acción aparece trasladada a otras regiones, pero la habitual y característico en estas obras es su fondo madrileño, con toda una galería de personajes y de ambientes representativos de la época y de la ciudad. Pedro Salinas afirmó al respecto: «Las obras del 'género chico' traen un teatro de costumbres, de inspiración directa de la realidad ambiente, de transcripción fácil y elemental de sus datos. Modos de vivir y de hablar, tipos, inclinaciones de las gentes, usos y amaneramientos sociales, desfilan por esas obrillas. La sociedad como modelo de arte es lo que se propone el género.»

Aspectos interesantes del género son el lingüístico, con un singular proceso por el cual, muchas veces, es el escritor —y en ello fue maestro Arniches— el que influye en el habla popular; el histórico, con la proyección —aun sin proponérselo— de perfiles y circunstancias de la época; y, también, el métrico, como ya señaló Rubén Darío («En cuanto al verso libre moderno, ¿no es verdaderamente singular que en esta tierra de Quevedos y de Góngoras, los únicos innovadores del instrumento lírico, los únicos liberadores del ritmo, hayan sido los poetas del *Madrid cómico* y los libretistas del *género chico?*»).

Del sainete a la tragedia grotesca

Carlos Arniches fue pronto figura destacada para el público. Sus primeros estrenos en Apolo —la vieja «catedral» del género chico— constituyeron, muchos de ellos, éxitos resonantes. (Ya hemos recordado, anteriormente, algunos títulos de estas producciones iniciales.) Pero esta popularidad no siempre fue acompañada de la debida valoración literaria. Acaso por ello sorprendió más que, en cierta ocasión, Valle-Inclán afirmase que *Alma de Dios* era su obra teatral preferida de aquel tiempo.

Inicialmente, Arniches se desenvuelve en la órbita del «género chico», con lo cual entronca con una línea teatral españolísima y de ilustre tradición —pasos y entremeses del Siglo de Oro, sainetes del siglo XVIII...— a la cual ya hemos hecho referencia. Escribe entonces sainetes, u obras asainetadas, solo o en colaboración con otros autores, con música o sin ella... Títulos destacados de esta primera manera son *El cabo primero* (1895), en colaboración con Celso Lucio; *El Santo de la Isidra* (1898), *La Fiesta de San Antón* (1898), *La cara de Dios* (1899); *Alma de Dios* (1907) —en colaboración con Enrique García Álvarez—; *El amigo Melquiades* (1914)...

En otras obras suyas, se aleja del sentido costumbrista para buscar, sin más, lo puramente bufo. Y en este género —*El terrible Pérez* (1903), *El pollo Tejada* (1906)... ambas en colaboración con García Álvarez— deja expresivas muestras de ese tipo tan peculiar que es el «fresco», y que se nos aparece como un descendiente, pero con buen corazón en el fondo, de los pícaros del siglo XVII. («Este personaje imprescindible de las obras bufas —afirma Pérez de Ayala—, no es sino supervivencia del pícaro».)

Por este camino, Arniches llegará a su creación más importante, al aspecto en el que, sin dejar de ser entrañablemente español, se hace universal: la tragicomedia o «tragedia grotesca», en la que se representan los dramas del pobre hombre, de los pobres seres que «también tienen su corazoncito», y que nos hacen reír mientras ellos sufren o lloran, para acabar suscitando nuestra compasión y nuestra ternura. («Arniches tuvo que valerse de la caricatura —cree Luis Calvo— para no dar en el melodrama. De ahí sale la tragedia grotesca»). Aquí Arniches apunta directo, seguro, a fibras infalibles del corazón humano. El género del sainete se transformará así en extensión —con sus tres actos— y en complejidad. La dimensión universal de la obra del sainetero se hace entonces evidente y los paralelos chaplinianos surgen inmediatos, fáciles. Obras representativas de esta faceta son *La señorita de Trevélez* (1916), *Que viene mi marido* (1918), *Es mi hombre* (1921), *La locura de don Juan* (1923), *El padre Pitillo* (1937), *El tío Miseria* (1940)...

A propósito de esta evolución, Pedro Salinas ha escrito: «El género chico languidece ya hacia 1910. Todo, fatiga del público, agotamiento de los recursos, novedad de las condiciones sociales, le condenan a desaparición. Y entonces Arniches desarrolla una potencialidad de dramaturgo que hasta entonces se había constreñido a estas obras menores y ahora adopta formas nuevas —el sainete extenso y la farsa grotesca—, que logran un doble efecto: atraer sobre su autor una consideración más atenta y valorativa derivada de las virtudes literarias, mucho más densas, de estas obras largas y, subsidiariamente, hacer beneficiar a todo el periodo «género chico» de Arniches de una consideración y aprecio que salvan su labor de esa especie de vasto olvido, de esa caída en el anónimo que ha sufrido casi todo el resto de zarzuelas y sainetes. No hay en la segunda etapa artística de Arniches mayores dotes de observación, mayor destreza dramática ni fuerza expresiva que en la primera. Lo que sin duda le eleva sobre ella es una concepción de lo dramático más amplia y profunda y un sentido de la construcción más completo y delicado.»

En fechas ya próximas, Francisco Ruiz Ramón ha valorado la importancia y significación de las tragicomedias grotescas en los siguientes términos: «Vista la tragicomedia grotesca de Arniches desde la perspectiva que ofrecen estos últimos treinta años de teatro español europeo, y sin desconectarla de los presupuestos del teatro de signo realista de su tiempo, conlleva aquélla, en cuanto forma dramática, una interna dimensión de ruptura con la «alta comedia» coetánea, como muy bien ha visto Manuel Ruiz Lagos al formular lo que en ella hay de *anti- alta comedia,* y, por tanto, el germen de una nueva vía de acceso a la representación dramática de la realidad. El teatro de Arniches, considerado globalmente, significa un principio de superación de la fórmula dramática estrictamente realista o costumbrista de Benavente, los Quintero o de epígonos como Martínez Sierra o Linares Rivas, a la vez que el principio de una vía nueva superada después, pero asimilada primero, por dramaturgos distantes y distintos como Jardiel Poncela, Miguel Mihura o, en otro nivel de significación, por los jóvenes autores del teatro de protesta y denuncia actual.»

Algunas características de su teatro

El teatro de Carlos Arniches, dotado siempre de un profundo sentido de observación, concede un valor primordial a la palabra: la agudeza, la gracia dialogística, el golpe imprevisto, la ocurrencia inesperada, el ingenio, la sorna y el desgarro verbales, aspectos todos de eminentísima eficacia teatral, se apoyan y viven en la primacía de la palabra.

Y su creación escénica es muestra, también, de acierto en el manejo de lo que, muchas veces, se ha denominado «carpintería teatral». Este dominio de la construcción se mostraba plenamente en las obras breves o en las que no tenían más de dos actos, no tanto en las que constaban de tres. Ramón Pérez de Ayala, tan ferviente admirador siempre del sainetero, indicaba a este respecto: «Los defectos de las obras de Arniches se ocasionan de la habilidad que muchos encarecen en este autor, y que las priva de plenitud, y del abuso del retruécano, que las priva de armonía. Hablo de las obras extensas, porque en las breves ha llegado con frecuencia a los aledaños de la perfección.»

Y, asimismo, el propósito moral, de enseñanza. Aparece siempre en sus obras una exaltación de la bondad, y sus finales felices, en los que se superan adversidades y todo llega a buen puerto, parecen querer proclamar cómo debiera ser la vida, a despecho de maldades, de errores, de incomprensiones (uno de sus personajes, el protagonista de *El señor Adrián el primo,* dice en una ocasión: «Hay que ser bueno hasta la muerte para que la muerte no se nos lleve del todo»). «Aspiro sólo —afirmó él mismo en carta dirigida a Julio Cejador— con mis obras, sainetes y farsas a estimular las condiciones generosas del pueblo y hacerle odiosos los malos instintos. Nada más.»

Y la mezcla de risa y de lágrimas, con adecuada dosificación, segura fórmula en sus manos para llegar a lo hondo del corazón humano. («Carlos Arniches —escribió Hernández Catá— es el autor que puede hacer llorar y reír en menos espacio», y, según Joaquín Álvarez Quintero, «en una frase hacía llorar y reír a la vez».) Si el aspecto sentimental llegaba a adquirir a veces un tono melodramático —y ello le ha sido censurado por algunos críticos—, no menos cierto es que en el fondo de esa sentimentalidad había siempre una emoción humana auténtica.

En relación con esta veta sentimental, de ternura, se halla el aspecto poético, de lirismo auténtico, que, explícito o sólo insinuado, alienta en la obra de Arniches. Alfredo Marqueríe lo ha puesto de relieve muy sagazmente: «El elemento poético, la lírica soterrada y profunda que vivifica la labor del sainetero y del dramaturgo, no adopta en sus obras una expresión abierta y desenfadada, porque está como frenada y contenida por el sentido del humor, muy visible en todas las obras de Arniches. La poesía arnichesca es la que nace siempre con la situación, con el encuentro o con el enfrentamiento de los tipos más humanos de sus comedias y tragicomedias, tipos que a veces no son los que encarnan las figuras de los protagonistas. La poesía arnichesca está, por ejemplo, en la expresión conmovedora con la que el personaje central de *Es mi hombre* razona los móviles de su farsa, y en una de las más recientes producciones del gran autor, *El hombrecillo,* en los que un día llamamos «temas subyacentes de la trama» —una pared con sol donde se dibuja la grotesca figura de un giboso, una paloma herida, una fuente y unas flores, las cruces de un calvario en un telón de fondo que ilumina el crepúsculo, la greguería de los pájaros en la madrugada de un corral aldeano, las voces que llaman y responden con el eco largo de los campos—. [...] Resulta sencillísimo, aplicando esta particular manera de ver la cuestión, hallar siempre el temblor y el fuego oculto de lo lírico en el fondo de todas las piezas arnichescas».

Arniches, en su visión del mundo, lo deforma, lo caricaturiza con frecuencia. Cierto que sus obras se inspiran en elementos reales, pero su realidad —como la de todo escritor auténtico— es artística, recreada por él. Surge así un doble camino —ya señalado— a través del cual los personajes reales, con su lenguaje, pasan a la obra arnichesca y de ésta vuelven, transformados, a la vida de la cual procedían para influir sobre ella a su vez. Y rasgo suyo, típico de hombre de teatro, es la sabia alternativa de contrastes escénicos. Deformación, sentido del contraste... Y, siempre, esa especie de *sexto sentido* que caracteriza al autor teatral de raza.

Madrileñismo

El «madrileñismo» constituye otro aspecto esencial del teatro de Arniches. Y sugestivamente curioso además, porque, en muchos casos, más que una «madrileñización» del sainetero hubo una «arnichesización» —valga la palabra— de Madrid. Una vez más la Naturaleza imitó el Arte. Sea como fuere, el autor de *El padre Pitillo* supo calar hondo en el alma del pueblo madrileño. Y su teatro presenta, en su síntesis artística, toda una galería de tipos, de ambientes, de circunstancias, que hoy son, sólo, historia. «El madrileñismo —ha afirmado Antonio Díaz Cañabate— llega a su ápice con Arniches. Pasarán y se transformarán las costumbres. Quizá desaparezca el madrileñismo [...], pero si tal ocurriera, viviría eternamente en los sainetes de Arniches.»

Claro que Arniches no se limitó a reproducir documentalmente, sino que recreó con arreglo a su personal visión. Él mismo explicó a este respecto: «En contra de lo que mucha gente supone, la vida no es teatral; ni sus hechos ni sus personajes ni sus frases son teatrales. Su teatralidad la llevan en potencia, en bruto, precisando que el autor amolde unos hechos con otros, unos personajes con otros, que cambie frases y dichos, que pula, recorte y vitalice el diálogo... En esta labor, el autor teatral recoge del pueblo unos materiales que luego le devuelve, aumentados con su observación y su trabajo. Por eso existe esa reciprocidad mutua entre el pueblo y el sainetero, cuando éste ha tenido el acierto de retocar la fisonomía del modelo sin que el interesado lo advierta.»

Si la mayor parte de su obra proclama este fervor madrileñista, pueden hallarse, además, en muchas ocasiones, confesiones precisas y explícitas del mismo. Así, por ejemplo, en el prólogo a *Del Madrid Castizo,* o en la dedicatoria de *El agua del Manzanares,* donde afirma: «Para comprender la emoción de que me sentí poseído la noche en que el pueblo de Madrid me aplaudió en el Novedades, es necesario amar como yo amo las pintorescas costumbres, la castiza y extraña psicología de esos buenos y alegres madrileños de los barrios bajos, vivos en el ingenio, prontos en la emoción, graciosos, burlones, jaraneros...»

Escritor comprometido: Arniches y el 98

No debe olvidarse un aspecto de la obra de Carlos Arniches, emparentado directamente con uno de los más extendidos en la literatura actual y que es su condición de escritor «comprometido» con la realidad circundante, o —con términos de moda— de escritor social. Hoy y desde algún tiempo atrás se hace referencia insistente a la literatura con preocupación social, pero esta preocupación puede encontrarse en obras literarias de todas las épocas. Una prueba más de ello la hallamos en las creaciones de Arniches, en las cuales, sin extremismos ni acritudes, pero con viveza, con afanes pedagógicos incluso, con rotunda claridad a veces, burla burlando otras, se formulan denuncia y crítica sociales, como en un segundo perfil, más risueño y no menos trascendente, de la llamada Generación del 98. Y la actitud crítica conlleva, de modo evidente en muchas páginas del escritor, un afán reformista.

Obras como *Los caciques, La señorita de Trevélez* o *La heroica villa* dan testimonio cumplido de ello.

Para el crítico José Monleón, que ha estudiado el tema del teatro del 98 frente a la sociedad española, «Arniches no es un hombre que entre dentro de los supuestos convulsionadores de la Generación del 98. Pero es, entre los autores de éxito, el que más se aproxima.» Y cree, también, que «A Arniches, en suma, le irrita esa combinación de broma e indiferencia social que ahoga las posibilidades de un examen crítico y un desarrollo colectivo español. De ahí que la mayor parte de su diálogo festivo encierre la presencia de un reformista. Bien que más atento a la reforma de los sentimientos individuales que al cambio de la estructura global, sin plantearse nunca la relación entre la situación social de un personaje y su comportamiento. Dando, en fin, al arrepentimiento o al perdón un valor resolutorio que no corresponde al planteamiento crítico de sus mejores obras.»

Quizá no se ha tenido suficientemente en cuenta que la base humana y sociológica de tantos sainetes y tragicomedias de Arniches es la misma que alentaba ya en Pérez Galdós (piénsese, por ejemplo, en su novela *Misericordia*) y que vivirá igualmente en Baroja (trilogía de *La lucha por la vida*), en Valle-Inclán (esperpentos como *Luces de bohemia*). Sobre este último, los estudios del profesor Zamora Vicente han puesto de relieve las relaciones entre las obritas del género chico y los esperpentos («Cuando me acerqué a *Luces de bohemia* pude afirmar cuánto de género chico, de ese arte de las tres y cuatro funciones diarias, había en su trasfondo»).

Arniches visto por Pérez de Ayala

En un análisis —por breve que éste sea— de la obra de Arniches, se hace imprescindible un recuerdo a los juicios vertidos por Ramón Pérez de Ayala sobre aquélla. El autor de *La pata de la raposa* exaltó, con tal apasionamiento, los valores de las creaciones de Arniches que éste pudo escribir al frente de uno de sus libros la siguiente dedicatoria: «A Ramón Pérez de Ayala. Pongo, lleno de vanidad, el nombre de usted en la primera página de este libro, porque usted es mi mayor éxito.» Efectivamente, en los comentarios de Pérez de Ayala, recogidos en su libro *Las Máscaras,* pueden hallarse afirmaciones como las que siguen: «Creemos sinceramente que los únicos valores positivos en la literatura dramática española de nuestros días... son don Benito Pérez Galdós, y en un grado más bajo de la jerarquía, los señores Álvarez Quintero y don Carlos Arniches»; «El señor Arniches ha producido verdaderos arquetipos de obras maestras»...

Destaca esta exaltación tanto más cuanto que la actitud de la crítica con respecto a Arniches ha sido, con gran frecuencia, en vida del autor, menospreciadora e incluso rotundamente adversa (recuérdense las palabras autobiográficas reproducidas anteriormente: «El público me ha querido bien; la prensa, así, así...»)

Elogios

Los juicios negativos o restrictivos de otro tiempo han dejado paso a una valoración positiva, a una admiración proclamada sin reservas por críticos y autores teatrales. Ya en 1933, Pedro Salinas podía escribir:

«Arniches, escritor popular y popularista, procedente del sector de autores teatrales puros, ha ingresado hoy en el rango de estimación literaria que antes se concedía sólo a esos otros autores de procedencia letrada y culta, y figura, sin adjetivo alguno de origen, en la primera fila de nuestros dramáticos contemporáneos.»

En la actualidad, cabe considerar como significativo y representativo de otros muchos el testimonio de Lauro Olmo, para quien «una de las figuras, no ya más importantes, sino clave, de nuestro teatro último, es don Carlos Arniches».

"Del Madrid castizo"

Publicación

Varios sainetes breves, no destinados a la representación, fueron dados a conocer por Carlos Arniches en las páginas de *Blanco y Negro*. («Empecé a publicar en la prensa estos cuadros de ambiente popular madrileño por indicaciones de un amigo ilustre y queridísimo, don Torcuato Luca de Tena».) En esta revista, en los años 1915 y 1916, aparecieron varias obritas —*Los pobres, Los culpables, El Premio de Nicanor o ¿a quién le doy la suerte?, Los neutrales, El zapatero filósofo o año nuevo vida nueva, Los pasionales, La risa del pueblo, La pareja científica, Los ateos, Los ricos, Los ambiciosos...*— recogidas luego en volumen por su autor bajo el título *Del Madrid castizo* (1917). «Los publico —indica Arniches en su prólogo al libro—, porque quiero en estas páginas humildes rendir a Madrid, a este pueblo tan querido, un tributo fervoroso de amor filial.»

Carácter

En cuanto a su género literario, estas obritas son clasificadas por su autor como «sainetes rápidos», en el subtítulo del libro *Del Madrid castizo*. Y define su carácter, con precisa exactitud, diciendo que se trata de unos «cuadros de ambiente popular madrileño». El parentesco con el «género chico» se evidencia, pues, inmediatamente: brevedad, sentido de plástico apunte o esbozo, popularismo, fondo ciudadano... La misma palabra «cuadros» nos hace pensar en los *Cuadros al fresco* de Tomás Luceño, obra inicial en el género.

Proclamación de madrileñismo

Una auténtica proclamación de madrileñismo, de afecto y fervor hacia la capital de España, aparece en las páginas de *Del Madrid castizo*. No se trata, sólo, de que los lugares y los personajes de las acciones corresponden a la ciudad, es que el autor se considera un hijo más de la Villa y quiere —lo hemos recordado anteriormente— *rendir un tributo de amor filial a Madrid*. «No soy madrileño —declara—. Nací en una vieja y amada ciudad levantina, pero en esta Villa insigne ha vivido mi juventud sus horas de lucha y de alegría y ella es, por tanto, mi pueblo de adopción.»

Análisis del contenido

Efectuaremos a continuación un rápido y sucinto análisis de cada uno de los sainetes incluidos en el volumen *Del Madrid castizo*, así como un estudio más amplio del titulado *La pareja científica*. De una manera general puede afirmarse que, en su mayoría, presentan un afán moralizante del cual surgen y se extraen, en ocasiones, consecuencias —observación, actitudes, críticas...— de signo social. Y, como ha señalado José Monleón, «Marcan, en cierta medida, la crisis del populismo cómico y simpático del autor, probablemente porque toma clara conciencia de las miserias de nuestro Madrid castizo. [...] Es evidente la distancia que existe entre este Madrid popular, casi barojiano, y la estampa festiva y botijera de un día de San Isidro. O entre la picaresca y la gracia y el melodramatismo de los chulos del barrio del Avapiés».

Los pobres

La acotación inicial presenta «otro» Madrid, ya no el pintoresco y alegre de tantas páginas arnichescas: «Venid conmigo a los inmundos rincones de un Madrid lamentable y mísero, artimañoso y agenciero...»

Y, sobre este fondo sórdido y miserable, la obra desarrolla su tesis en contra de aquellos que, por no querer trabajar, recurren a la mendicidad, y ataca a los falsos pobres y a sus astucias y procedimientos para conseguir dinero.

Uno de los personajes —la señá Justa— expone así la conclusión y moraleja a que se llega en el sainete:

«—... De forma que si quien acabar con la mendicidaz y quieren recoger, que no recojan a los pobres que piden, que recojan a los tontos que dan, que son los culpables.»

Los culpables

Su acotación inicial describe, con minuciosidad detallista, el escenario —una barbería de ínfima categoría—, adecuado para los personajes y el diálogo de esta obra.

Los protagonistas —Ceferino, Valentín, el señor Lucas...—, se refieren, en su conversación, a algunos aspectos de la vida nacional, y uno de ellos —Valentín— achaca el atraso de España a los toreros: «—Mientras quede —afirma tajante— en España una coleta, el progreso nacional será un mito.» Otro, Ceferino, analiza así la realidad española: «—... Con obreros que venden el voto, y piensan al diztao, y se pasan el día en la tasca, y no mandan a los chicos a la escuela, y le arrean a la mujer, y no respetan a náa, ¿qué quieres que sea España?...»

La solución para el atraso del país se halla, tan sólo, en el trabajo: éste es la fórmula salvadora:

«—... que durante diez años trabajase tóo el mundo y no hablase nadie. Y si al cabo de ese tiempo de aplicación y de silencio no habíamos progresao en un mil por mil, daba yo un vale con oción a que me se machacase la masa encefálica.»

Son claras la actitud y conciencia regeneracionistas del texto. En él aparece evidente el Arniches atento a la realidad española y preocupado por ella. Y su tesis presenta, convencidamente, al trabajo como la solución para los males que padece España.

El premio de Nicanor o ¿a quién le doy la suerte?

He aquí otro característico ejemplo de la literatura de signo moralizante de Arniches. En este caso se dirige contra los excesos de la afición al juego —a la lotería en esta ocasión— y a favor del ahorro. El sentido de la obra aparece resumido a su final:

«—... creo que el dinero del juego, con el juego se va; porque las pesetas son como los pájaros, no hacen nido más que en los sitios tranquilos.»

Los neutrales

Se trata de una estampa o apunte que, sobre el fondo de referencias a la Gran Guerra Universal de 1914 a 1918, presenta discusiones y enfrentamientos entre germanófilos y aliadófilos, como motivo, ante todo, para el juego y chiste verbales.

Destacan aquí los valores descriptivos de la acotación inicial, que, en su visión madrileña, recuerda textos del novelista Pío Baroja.

El zapatero filósofo o año nuevo, vida nueva

Aquí Arniches muestra de nuevo, aunque sea fugazmente y como de pasada, su perfil de escritor atento a la observación de la realidad española. Y la observación crítica de la manera de ser y actuar de los españoles, se debate entre la denuncia y la resignación, entre el afán de cambio y el escepticismo sobre la posibilidad de lograrlo:

«Señor Sidonio.—(Sentándose en la cama), pero ¿qué hago yo con cambiar, Melanio?... Si cambiase to lo demás, bueno. Pero ¿qué adelanto con cambiar yo solo? Mira: mañana mi mujer será tan vieja, tan chata y tan derrengá como de costumbre. La taberna estará en el mismo sitio: el vino será mejor, si cabe. Me seguirán fiando. Tú continuarás tan pelma como siempre. Tu sobrina vendrá a que le eche medias suelas, con ese cuerpo tan regordetillo que Dios le ha dao, capaz de hacer pecar, no digo yo a un santo, a un santo...ral. Susistirán el impuesto de inquilinato y la basura en las calles. El pueblo seguirá creyendo que aquí lo que faltan son políticos, y los políticos, que lo que falta es pueblo... y lo peor es que los dos tendrán razón. Las susistencias estarán en las nubes, y los jornales, en el arroyo. La generación del noventa y ocho seguirá creyendo que es más ilustrada que la «Historia de Don Pirlimplín», que cada dos versos es una viñeta. Todos seguirán diciendo que esto está mal, y nadie procurará que esté mejor. El que trabaja servirá de irrisión al que no trabaja. Las mujeres continuarán cada vez más cortas por abajo y más largas por arriba... Cambio yo, ¿y qué?... Si yo cambio y no cambia to lo que me gusta y lo que me disgusta, seguiré siendo unos días malo y otros bueno según me arrime a unas cosas u a otras.»

De ahí el sentido pesimista de las palabras que cierran este sainete:

«Digamos que vamos a hacer, y hagamos como que hacemos..., ¿entiendes? Y si no podemos decir: «Año nuevo, vida nueva», digamos al menos: «Año nuevo, mentira nueva.»

Los pasionales

Muy ejemplar del género del sainete y dentro del conjunto de los que componen el volumen de *Del Madrid castizo,* responde, por su intencionalidad, a los otros de más declarada tendencia moralizante. En este caso para censurar, mordazmente, a los que pretenden vivir sin trabajar.

La risa del pueblo

He aquí un sainete singularmente interesante en su carácter y propósito regeneracionistas (y también, en parte, coincidentes con el espíritu del 98).
La obrita constituye un ataque sincero, apasionado, contra los que disfrutan y se divierten haciendo daño, cometiendo gamberradas y brutalidades, y llegan a la risa mediante el perjuicio ajeno... Uno de los personajes, el señor Bonifacio, realiza una precisa caracterización de esta clase de seres:

«... Vosotros, ¿en qué sus habéis divertido siempre? Pues yo te lo diré. De chicos, en iros por las mañanas con los tiradores a matar pájaros a la Moncloa; por las tarde, a la pedrea, y por las noches, con las estacas, a perseguir gatos por el barrio. Total: a disfrutar haciendo daño. Luego, de mocitos, a correr de calle en calle atormentando a *Garibaldi* u a cualesquiera vieja borracha, a tocarles la chepa a los jorobaos y a burlaros de los cojos. A gozar con el dolor del prójimo.»

... ...

—«Y luego, ya de hombres, ¿a qué le llamáis vosotros diversión? Pos a ver destripar caballos en los toros; a marcharse en patrulla armando bronca por los bailes de los merenderos; a acosar por las calles a mujeres indefensas con pellizcos y gorrinerías; a escandalizar en los cines y a insultar a las cupletistas. ¿Y eso es alegría, y eso es chirigota, y eso es gracia?... Eso es barbarismo, animalismo y bestialismo. Y hasta que los hijos del pueblo madrileño no dejen de tomar a diversión todo lo que sea el mal de otro..., hasta que la gente no se divierta con el dolor de los demás, sino con la alegría suya..., la risa del pueblo será una cosa repugnante y despreciable.»

Es evidente el carácter regeneracionista del texto reproducido. Y alguna de sus referencias —por ejemplo, a los caballos en las corridas de toros— hace recordar, de inmediato, páginas muy conocidas de Azorín y algún cuadro famoso (*La víctima de la fiesta,* del pintor Ignacio Zuloaga).

La obrita —muy sugestiva en su brevedad— parece derivar, a su fin, a una conclusión de pesimismo general humano, en las palabras de otro personaje, la Señá Angustias, que darán paso al telón final:

«— ¡Qué hombres!... Será que la vida es así. ¡Conoce uno que no se debe de reír del mal de otro, y como si no...! *(Encogiéndose de hombros.)* Bueno.»

Señalemos, por último, las afinidades y sugerencias barojianas del estilo en los textos de carácter descriptivo (acotaciones, inicial y final).

Los ateos

Con sus tres cuadros es de los pocos sainetes, de los contenidos en *Del Madrid castizo,* que poseen una acción relativamente compleja. Su intención se dirige contra los que presumen y alardean, públicamente, de ateos, y defiende el valor de la fe, aunque ésta pueda confundirse, en algún momento de la acción, con la simple superstición.

Los ricos

Obrita esta partidista y de tesis, con su moraleja incluida, referida a aquellos que se muestran partidarios de repartir y compartir todo... mientras no sea suyo.

Nada más iniciarse el diálogo, en la primera intervención del primer personaje que habla, se plantea y expresa la actitud anti-ricos:

«— [...] que tuviese yo el poder en mis manos cinco horitas náa más, y que me hicían papilla si quedaba un rico pa contarlo.»

El mismo personaje —Serapio— resume así la clave de su pensamiento: «el día glorioso en que se proclame que la propiedad es un robo y que tóo tie que ser de tóos y que hay que repartirlo».

Pero también Serapio será el que reaccione violentamente cuando otro personaje intente fumar de su tabaco.

Aspecto que, de pasada, llama la atención, es la actitud de atención compasiva e incluso de ternura hacia los animales, hacia las caballerías, que aparece formulada en la acotación que acompaña a la obra:

«Escuálidas caballerías, con míseros atalajes, tiran de estos destartalados carritos. Las pobres bestias, humillada la paciente cabeza o con el saco del pienso atado a la frontalera, aguardan para arrancar...»

Los ambiciosos

La clave del sentido de esta obrita puede hallarse cifrada en la siguiente afirmación de uno de sus personajes, Manolo:

«—... el dinero no es la felicidad...»

Afirmación que se reitera, al final del sainete, a modo de conclusión o moraleja, en las palabras de otro personaje, Elpidio:

«—¿Lo estás oyendo, ambicioso?... ¿Ves lo que yo te dije?... La felicidad del mundo no está en el dinero. Si es Dios el que la suministra, ¿cómo la va a poner precio fijo?... El cachito de alegría que se compra a veces un pobre con una peseta, ¡cuántos ricos lo quisieran por dos millones!...»

No cabe duda, pues, de la dimensión moralizante, una vez más, de una obra de Arniches.

Una adaptación escénica

En 1952, la noche del jueves 14 de agosto, en el teatro María Guerrero, de Madrid, se estrenó una adaptación escénica de algunos de estos sainetes bajo el título de *Fantasía 1900,* realizada y dirigida por Manuel Collado, e interpretada por las actrices y actores Carlota Bilbao, Mercedes Muñoz Sampedro, Catalina Martínez Sierra, Joaquín Pujol, José Capilla, José Vivó, José Alburquerque, Miguel Narros y Silvia Roussin.

El comentario crítico aparecido en el diario *A B C* (del 15 de agosto de 1952), firmado con las iniciales J.C.V., decía:

«*Fantasía 1900* es la selección de varios apuntes de sainete que Arniches no dio al teatro, pero sí a la estampa, como en *Blanco y Negro* y, además, en la edición de las obras completas del primer sainetero de nuestro siglo, al que acaso no se le ha hecho aún la justicia de revalorizar sus obras, por cuanto contienen de sentimientos de honda raíz humana. Dichos apuntes, escenificados por Manuel Collado, con plausible sentido, han sido los que [...] retrotrajeron al espectador a aquel ambiente de primeros de siglo, donde las gentes humildes especulaban en diálogos ingeniosos, para desembocar siempre en aleccionadora moraleja.»

A propósito también de esta adaptación escénica, Rafael Vázquez Zamora escribió entonces las siguientes elogiosas consideraciones:

«... es curioso el hecho de que esta obra, hilvanada con trozos no representados hasta ahora de don Carlos Arniches, habría resultado, si se hubiera estrenado en plena temporada, el mejor éxito entre los estrenos españoles. Lo cual quiere decir que Arniches está 'vivito y coleando', si he de expresarme de un modo también castizo.

«En efecto, han bastado unos cuadritos de costumbres que habían sido publicados hace muchos años en *Blanco y Negro,* ha bastado unirlos con discreción y buen sentido teatral para que esta *Fantasía 1900* haya gustado extraordinariamente al público más vario, que en cada representación ha reído de corazón y ha creído estar escuchando a tipos de hoy, a pesar de que los «temas de conversación» de aquellos buenos madrileños que pasaban, fugaces, por el escenario, parecían referirse muy concretamente a cosas y preocupaciones de hace medio siglo. Pero el diálogo es tan jugoso y vivo, los tipos están observados y sintetizados con tal agudeza, que poseen esa calidad esencialmente teatral que los hace de interés permanente para cualquier público de una época cualquiera. Y esta calidad ha de ser muy elevada para que resista la excesiva brevedad de unas escenas que no fueron escritas directamente para el teatro, sino para el público de una revista. Ahora bien, eso mismo demuestra que Arniches era un comediógrafo por los cuatro costados y que cualquier empresa literaria que abordase lo hacía en hombre de teatro. Así, las acotaciones que el propio autor añadió a sus diálogos con la intención de que los lectores sustituyeran a un desarrollo escénico más extenso (acotaciones que Manuel Collado ha utilizado con muy buen sentido), podrían ser suprimidas perfectamente sin que en la representación se dificultara la comprensión de las situaciones en que se nos coloca en seguida. Este poder de condensación sólo es posible en un gran autor teatral. El tipo está ahí de buenas a primeras y se define a las pocas frases. Naturalmente, no son seres complicados sino elementales, y lo conseguido por Arniches en estos cuadritos sería imposible si en diez minutos o menos quisiéramos presentar, con antecedentes y todo, un conflicto de hondas raíces psicológicas. Los tipos y las escenas de Arniches incluidos en *Fantasía 1900* son de una diáfana sencillez, y lo tratado por estos personajes en sus conversaciones y altercados gira en torno a temas de actualidad en aquella época; pero es notable que todos esos temas presenten una faceta de permanencia: la lotería, los ricos y los pobres, la filosofía popular frente a las teorías científicas, el ateísmo cerebral y las raíces religiosas ancestrales. Todo esto, captado por el magnífico sainetero con una superficialidad aparente y una chispeante gracia, revela en él una extraordinaria 'vista' para lo que realmente importa y trasciende. Y esto ha sido el gran teatro de todos los tiempos: la representación de la vida con una ilusoria sencillez formal que presta una aparente ausencia de complejidad a los más abstrusos problemas.»

"La pareja científica"

Argumento y personajes

Los personajes de *La pareja científica* son tres: el *Peque Rata*, «golfillo harapiento, peludo, roñoso; trece años», y dos guardias de orden público, Mínguez y Requena. La acción se desarrolla en Madrid, en Nochebuena, y el decorado inicial presenta el recibimiento de una comisaría, a las dos de la madrugada. Al principio Requena aparece solo en la escena y, a poco, entra Mínguez y comienza el diálogo entre ambos guardias. Dicen del frío que hace en la calle y, en seguida, Mínguez se refiere a su sobrino Hilario, que ha sido guardia hasta hace poco y que ha pedido la baja en el Cuerpo para preparar unas oposiciones a Penales... Al hablar de sus estudios surge una alusión a la Antropometría —Entropometía, dice Mínguez— y a la posibilidad de reconocer los instintos criminales de una persona en sus características físicas... Deniega, incrédulo, el guardia interlocutor, y el coloquio se interrumpe ante una llamada del Comisario... Hay alguien en el calabozo y es menester llevarle a la cárcel. Se trata, claro, del *Peque Rata,* al que los guardias conducen, andando en el frío de la noche a través de calles y más calles... Pero en la mente de los guardias permanecen, obsesivamente, las palabras anteriores, con su noticia sobre la nueva ciencia, cuya autenticidad quieren comprobar en el muchacho. Comienzan a tantearlo, con la natural alarma de él, y surge la conversación que nos informa acerca de la situación y circunstancias del *Peque*... Se llega así a uno de los momentos claves del diálogo:

—«¿Y tú por qué robas?», interroga Requena.
—«Hay que vivir», responde él con laconismo elocuente. Los guardias se van dando cuenta de que si el muchacho es un ladrón la causa de ello radica en el ambiente que le rodea, en las circunstancias de su vida, no en una natural inclinación... Los tres personajes reanudan su marcha, camino de la cárcel, mientras, con brusco, impresionante contraste, cruza un grupo de alegre gente que entona canciones de Nochebuena. Aquí se cierra el primer cuadro, con el que la obra tiene ya completo sentido, pero Arniches quiere insistir todavía en los problemas que ha planteado y escribe un segundo cuadro, cuya decoración deberán ser las mismas páginas de la revista *Blanco y Negro,* y ahora el que habla es el propio autor para dirigirse a la sociedad y pedirle ayuda para estos desheredados de la fortuna —como el niño que aparece en *La pareja científica.*

Dos acotaciones con técnica cinematográfica

Es curioso que casi todas las acotaciones que figuran en este sainete están escritas con un sentido que nos hace pensar, inmediatamente, en la técnica del cinematógrafo. No sólo porque lo que en ellas se indica es de imposible realización dentro de un escenario, sino porque, además, su plena expresividad la imaginamos, precisamente, con el concurso de una cámara cinematográfica. ¿Cómo, si no, dar realidad, por ejemplo, a esta acotación?: «Salen a la calle. Los guardias se levantan los cuellos de las capotas. El golfillo, descalzo, sin gorra, sin camisa, mal envuelto en una enorme chaqueta, con las manos cobijadas entre los andrajos del pantalón, camina delante de la pareja, encorvado, aterido, silencioso. Atraviesan calles y más calles...» Y también, casi inmediatamente, viene a nuestro recuerdo, ante la estampa del golfillo, la imagen del personaje que da título a una muy conocida película de «Charlot», *El chico...*

Y cuando, al término de este cuadro, «Los guardias y el golfo reanudan silenciosos su marcha. Y al fin, camino de la cárcel, se pierden a lo lejos, en la niebla espesa y fría, como si alguien quisiera borrar de la noche solemne aquellas grotescas siluetas», ¿no *vemos* acaso el movimiento de los personajes de una manera precisamente cinematográfica?

Esta sugestión cinematográfica de las acotaciones puestas por Arniches a *La pareja científica,* que hemos tratado de destacar, nos parece indudable y de un notorio interés.

Del pícaro al golfo

El tipo del *Peque Rata* —mal vestido, sucio, desgreñado, a golpes con la vida— hace pensar en los capítulos iniciales del *Lazarillo de Tormes,* cuando el protagonista de la novela puede decir, con amarga frase, «desperté de la simpleza en que, como niño dormido, estaba». Es clara la oriundez picaresca del golfo, y el paralelo entre éste y el pícaro se establece con facilidad: análoga situación de desamparo familiar y social en Lázaro —si acudimos al mismo ejemplo concreto— y en el personaje arnichesco, idéntico problema —acuciante— del hambre... Y el golfo, como el pícaro, está abandonado por la sociedad, se siente solo (¿qué es la vida del pícaro sino la historia de una larga soledad?). Y así también, el muchacho sabe únicamente de las noches frías, sin refugio, del hambre implacable, y, a la vez, piensa que «hay que vivir»...

Y este muchacho —¡trece años, señor!...— es bueno, pero su problema es ése —repitámoslo una vez más—, que es necesario vivir, y que nadie le ha enseñado cómo. De ahí que en la exclamación del guardia Requena («—¡pobre criatura!... ¡Maldita sea!»), ante el frío del niño, hay tanto de imprecación angustiada —¿por qué serán así las cosas?...—. Y nuevamente aparece el recuerdo del libro de 1554, en el pasaje en que unas mujeres dicen, dirigiéndose al escribano y al alguacil que interrogan a Lázaro: —«Señores: este es un niño inocente...».

Pero todo esto es no sólo una situación triste, patética, sino, también, un peligro. Por lo pronto, los valores morales se derrumban en la mente del muchacho, que declara: «—...Pero ya ve usted, lo de hoy me ha pasao por primo. *El que se mete a bueno, la paga*». Y ello lo va a señalar, igualmente, Arniches.

El escritor social

Consecuencia evidente de lo expuesto: Carlos Arniches se muestra en esta obra como un escritor social y lleva a cabo denuncia y crítica sociales. Hoy se habla mucho de literatura con preocupación social, pero ésta, con mayor o menor intensidad, ha existido siempre. Una prueba más de ello aparece en esta obrita que, en su brevedad, apunta con segura eficacia al blanco propuesto. Arniches habla con claridad, primero a través de sus personajes (recuérdense, por ejemplo, las palabras de Requena, cuando Mínguez le interroga «—...¿por qué roba este golfo?...»: «—Pues porque el que no puede ganarlo, o no le han enseñado a que se lo gane, cuando tiene gazuza y ve un panecillo tira con él... tenga las narices como las tenga»); después, en el cuadro segundo, directamente:

«¡Los golfos!... ¿No sentís dolor, inquietud, remordimiento, ante estas míseras criaturas hambrientas, ante esta simiente de criminalidad que puede fructificar en el abandono?»

«Yo pido para ellos; para esos golfos peludos, roñosos, grotescos, famélicos, abandonados, sin hogar, sin parientes, sin nadie... Para esos míseros chiquillos que a la salida de los teatros y de los bailes corretean alrededor de vuestros carruajes entre la niebla de las noches crudísimas de invierno, voceando —para avisar a *chauffeurs* y cocheros— vuestros nombres gloriosos, llenos de prestigio, de poder, de opulencia...».

El lenguaje

Arniches trata de reflejar, de una manera aproximada, con ortografía convencional, la pronunciación vulgar madrileña de sus personajes. Aparecen así en el texto varios aspectos lingüísticos de interés: fenómenos fonéticos propios del habla popular o rústica: pérdidas de vocales y de consonantes, elisión de sonidos, simplificación de los grupos consonánticos cultos, disimilaciones... Algunos cambios se deben a influjos analógicos, a confusión de prefijos... Determinados vulgarismos son de carácter sintáctico (errónea ordenación de los pronombres, etc.). La entonación, elemento fundamental también en el habla de los personajes arnichescos, no puede, en cambio, reproducirse en el texto. El léxico, por último, ofrece rasgos interesantes, en sus gitanismos, en las palabras jergales...

Las observaciones precedentes, efectuadas a propósito de *La pareja científica,* pueden considerarse válidas, en general, para las obras de ambiente madrileño de nuestro sainetero.

«*La pareja científica*» *y el teatro de su autor*

La pareja científica, a pesar de su corta extensión, ofrece muestras, en apretada síntesis, de algunos rasgos característicos de la literatura de Carlos Arniches: capacidad de observación; fuerza plástica en la pintura de personajes y de situaciones; valor esencial de la palabra, de lo dialógico; mezcla, sin apenas transición, de lo cómico y de lo emotivo; propósito de enseñanza, con un especial matiz, a veces, de crítica social; fondo ambiental madrileño y popular; sentido del contraste, utilizado con especial tino (eficacísimo es el que se produce entre el muchacho y los dos guardias, de un lado, y el grupo que celebra la Nochebuena, de otro)... Se nos aparece así la obra como una muestra de perfiles arnichescos, apenas insinuados algunos, con mayor volumen otros.

Bibliografía

1. EDICIONES

Del Madrid castizo. Sainetes rápidos. Madrid, Sociedad de Autores Españoles, 1917.
Sainetes. Madrid, Calleja, 1918. (Recoge cuatro de *Del Madrid castizo: Los pobres, La risa del pueblo, Los pasionales* y *Los ateos.)*
Del Madrid castizo. Sainetes rápidos. Segunda edición. Madrid, Pueyo, 1919.
Teatro. 4 tomos, Madrid, Editorial Estampa, 1932. Con prólogos de J. Carner, F. Hernández Catá, R. Pérez de Ayala y M. Fernández Almagro.
Teatro completo. 4 tomos. (*Del Madrid castizo* figura en el cuarto tomo.) Madrid, Aguilar, 1948. Prólogo de E. M. del Portillo.
La pareja científica y *otros sainetes*. Salamanca, Biblioteca Anaya, 1966. Edición, introducción y notas de José Montero Padilla.

2. ESTUDIOS

YXART, J., *El arte escénico en España*. Volumen II. Barcelona, 1896.
CEJADOR, J., *Historia de la lengua y literatura castellanas*. Volumen XIV, Madrid, 1914.

Zurita, M., *Historia del género chico*, Madrid, 1920.
Pérez de Ayala, R., *Las Máscaras*, t. II, Madrid, 1924.
Díaz de Escobar, N., y Lasso de la Vega, F. de P., *Historia del Teatro Español*, t. II, Barcelona, Montaner y Simón, 1924.
Díez Canedo, E., «Arniches leído», en *El Sol*, 12 de julio de 1931.
López Estrada, F., «Notas del habla de Madrid. El lenguaje en una obra de Carlos Arniches», en *Cuadernos de Literatura Contemporánea*, núms. 9-10, 1943.
Marqueríe, A., «Sobre la vida y la obra de don Carlos Arniches», en *Cuadernos de Literatura Contemporánea*, núms. 9-10, 1943.
Valbuena Prat, A., *Teatro moderno en España*, Zaragoza, Ediciones Partenón, 1944.
Salinas, P., *Del género chico a la tragedia grotesca. Carlos Arniches*, en *Literatura Española, siglo XX*, 1949.
Deleito y Piñuela, J., *Origen y apogeo del «Género chico»*, Madrid, Revista de Occidente, 1949.
Álvarez Quintero, S. y J., *Carlos Arniches*, en *Obras Completas*, t. VII, Madrid, Espasa-Calpe, 1953.
Ros, F., «Notas parciales sobre Arniches», en *Cuadernos Hispanoamericanos*, núm. 45, págs. 297-314, 1953.
Valbuena Prat, A., *Historia del Teatro Español*, Barcelona, Nogués, 1956.
Torrente Ballester, G., *Teatro español contemporáneo*, Madrid, Guadarrama, 1957.
Ramos, V., *Vida y teatro de Carlos Arniches*, Madrid, Alfaguara, 1966.
Seco, M., *Arniches y el habla de Madrid*, Madrid, Alfaguara, 1970. Obra esta fundamental para el conocimiento del lenguaje de Arniches.
Zamora Vicente, A., *Valle Inclán, novelista por entregas*, Madrid, Taurus, 1973.
Ruiz Ramón, F., *Historia del teatro español. Siglo XX*, Madrid, Cátedra, 3.ª ed., 1977.
Monleón, J., *El teatro del 98 frente a la sociedad española*, Madrid, Cátedra, 1975.

La revista *Cuadernos de Literatura Contemporánea,* del Consejo Superior de Investigaciones Científicas, en sus números 9-10, aparece dedicada en gran parte a Carlos Arniches. Y, asimismo, la colección *Primer Acto,* en su número 6, reúne diversos artículos y estudios sobre Arniches, así como la revista *Segismundo* (II, 1966).

Del Madrid castizo
Sainetes

Prólogo

Podría yo haber buscado un escritor ilustre de fama indiscutida que hubiese prologado este libro, pero no he querido que la ingerencia de una pluma brillante le haga perder la humildad de su condición.

Todo en él debe ser como el medio social que refleja: pobre, sencillo, oscuro.

Empecé a publicar en la prensa estos cuadros de ambiente popular madrileño por indicaciones de un amigo ilustre y queridísimo, don Torcuato Luca de Tena.

No tienen significación ni importancia artística ni trascendencia literaria. No creo que valga la pena leerlos ni mucho menos conservarlos. Yo los publico, porque quiero en estas páginas humildes rendir a Madrid, a este pueblo tan querido, un tributo fervoroso de amor filial.

No soy madrileño. Nací en una vieja y amada ciudad levantina, pero en esta Villa insigne ha vivido mi juventud sus horas de lucha y de alegría y ella es, por tanto, mi pueblo de adopción.

Sea, pues, para Madrid el saludo efusivo, ardoroso, cordial, que le envío desde esta página.

Prototipo de pordiosero.
Fotografía de Laurent.

Los pobres

Almas piadosas, corazones magnánimos que cedéis ante la demanda plañidera del mendigo que os tiende en la calle la mano escuálida, seguidme. Venid conmigo a los inmundos rincones de un Madrid lamentable y mísero, artimañoso y agenciero, que por fortuna desconocéis, y escuchad estos edificantes y verídicos diálogos.

Estamos en el Campillo de Gilimón. Es una tarde clara y fría, de cielo azul y sol espléndido.

Dos vecinas, la Señá Gala y Petra la Bizca, acaban de dirimir sus diferencias a mordiscos, golpes y arañazos, entre injurias soeces, ante un público desharrapado y jubiloso. Terminado el jollín [1], se retiran las beligerantes, seguidas de sus partidarios, a reparar desperfectos. Va cesando poco a poco el tumulto.

Junto a la tapia del Hospital de la Orden Tercera quedan acurrucadas, tomando el sol, dos viejas andrajosas, la SEÑÁ LIBRADA y la SEÑÁ JUSTA; próximo a ellas, el SEÑOR CELIPE [2] el Chinas, viejo también, sentado en un cajón, deshace colillas y lía un cigarro. EL PENDINGUE (afilador) se ocupa en buir [3] unas cuchillas de zapatero. Algo más lejos, unos chiquillos juegan con gran alboroto.

---

[1] *jollín,* 'gresca'.
[2] *Celipe,* Felipe, por confusión vulgar, por equivalencia acústica, de las consonantes iniciales.
[3] *buir,* 'afilar'.

SEÑÁ JUSTA.—¿Y por qué ha sío la zurra?
SEÑÁ LIBRADA.—Y diga usté que muy bien da que ha estao.
SEÑÁ JUSTA.—Pero ¿tenía motivos la Bizca?
SEÑÁ LIBRADA.—¡Digo...! Como que la Gala la debe dos quincenas del alquiler de los chicos. Un abuso.
SEÑÁ JUSTA.—¡Ah! Pero ¿le tenía alquilás las creaturas?
SEÑÁ LIBRADA.—Hace mes y medio. Por seis reales diarios. Una peseta el mayorcito y cinco gordas el chavea. Que es regalao, porque hay que ver lo que vale ese niño pa pedir.
SEÑÁ JUSTA.—Tengo oído que es una alhaja.
SEÑÁ LIBRADA.—Como que no hay noche que no se retire con sus tres pesetas corridas. Pero se lo merece; es un lince. Le suelta usté en la ca Alcalá, ve a una señorita de esas muy *antravés*[4] con un señorón de *levosa*[5] y ya le tiene usté agarrao a los faldones, diciéndole al caballero: «Señorito, una limosna, por la salú de la señorita, que es muy guapa. Ya la podía usté comprar un coche, con esos ojos que tiene. Cómpreselo usté, ande usté.» Hasta que le miran, se echan a reír, el señorito dice: «¡Qué granuja...!» La señorita: «¡Es muy mono!» Y no hay pareja que no le apoquine[6] de dos a tres perras.
SEÑÁ JUSTA.—¡Vaya un vivales de creatura!
SEÑÁ LIBRADA.—¡Pos y el mayorcito!
SEÑÁ JUSTA.—¿El jorobeta?
SEÑÁ LIBRADA.—Jorobeta y too lo que usté quiera, hija; pero es un portento. Ése coge una cestita, una botella vacía, se para en una esquina de tránsito, se echa al suelo, rompe a llorar amargamente, que su alma se la arrancan, y cuando tiene corro hay que oírle: «¡Ay mi pobre madre!... ¡Ay!... ¡Después de cuarenta y ocho

---

[4] *antravés*, 'ceñidas' (con ropa ceñida), con reproducción de la pronunciación de la palabra francesa *entravée*.
[5] *levosa*, 'levita'.
[6] *apoquinar*, 'pagar'.

horas que no comemos!... ¡Ella, que va y me da dos pesetas pa traer aceite, y voy y las pierdo! ¡Ay, que yo no vuelvo a mi casa, con mi pobre padre enfermo como está!... ¡Ay, un día que podía alimentarse!...» Y misté: la gente se conmove de oír a la creatura aquellos lamentos, hacen una *porrata*...[7], y no hay llorera que no le suba al chaval de cinco a seis reales.

SEÑÁ JUSTA.—Pos diga usté que esos dos niños son dos minitas.

SEÑÁ LIBRADA.—Dan más que una casa empeños. ¿Y sabe usté de mendigantas la que también se saca lo suyo?

SEÑÁ JUSTA.—¿Cuála?

SEÑÁ LIBRADA.—Doña Encarnación, la de la cae San Bernabé.

SEÑÁ JUSTA.—Doña Encarnación..., doña Encarnación. No caigo.

SEÑÁ LIBRADA.—Hija, paece usté tonta. Esa que pide de luto, con manto largo, que lleva la cara tapá, que paece que la sale la voz de una cisterna.

SEÑÁ JUSTA.—¡Ah, sí!... ¿Y ésa dice usté que saca?

SEÑÁ LIBRADA.—Como que no se deja cortar un deo por seis mil pesetas.

SEÑÁ JUSTA.—Bueno; pero es que ésa he sentío decir que tira al gran mundo.

SEÑÁ LIBRADA.—Pide na más que en las iglesias de señorío, a las salidas de los vermuses u en los cines y *fives cloques*[8] de moda. Su martingala es que en cuantito que ve a una señora se arrima y la dice con voz que lo oiga toa la gente de alrededor: «Señora marquesa, me

---

[7] *porrata*, 'prorrata', con pérdida de la *r* por disimilación.

[8] *fives-cloques*, salones de té, con la pronunciación que hace el personaje del inglés five o'clock (tea). M. Seco (*Arniches y el habla de Madrid,* ed. cit., págs. 49-50) señala al respecto: «El énfasis articulatorio produce ocasionalmente prótesis, como en *psicológico* > **epsicológico* > *esicológico* [...]; epéntesis, como en *granito* > *garanito* [...]; paragoge, como en *Cid* > *Cize*. Estas vocales de apoyo son particularmente frecuentes en la pronunciación de palabras extranjeras, donde unas veces la conservación de grupos consonánticos difíciles [...], otras veces la simple afectación (caso semejante al de *Cid*) introducen una vocal parásita.

hallo famélica; agradecería a vuecencia un pequeño óbolo.»

Señá Justa.—¿Qué es óbolo?

Señá Librada.—No sé; pero debe ser una cosa cara, porque siempre que lo dice la dan más de veinte céntimos [9].

Señá Justa.—¿Y cómo conoce a los títulos?

Señá Librada.—No, si lo de marquesa lo dice al tuntún; pos ahí está la gracia. A lo mejor le llama vuecencia a un ama de cría.

Señá Justa.—Hija, lo que saben algunas.

Señá Librada.—Ésa lo trae de casta. Ha sío una señorona en sus prencipios. Diga usté que no se emborrachara, y ya quisieran más de cuatro sus modales. A mí me tie dicho que es hija de un hacendao de Chinchón.

Señá Justa.—Por lo menos, a eso huele toas las mañanas.

Señá Librada.—Tie un habla mu fina; siempre que me ve me llama escuálida, que no sé lo que es.

Señá Justa.—Algo delicao será.

Señá Librada.—Seguro. Cuando ella lo dice...

Señá Justa.—¿Y usté ya no pide en San Ginés [10], señá Librada?

Señá Librada.—No, señora; tuve unas palabras con el sacris, y no he güelto. Iba mucha gentuza. Ahora me

---

[9] *óbolo*, moneda griega antigua y, también, 'cantidad con que se contribuye para un fin determinado'. Son aplicables, a la presencia de este cultismo, las siguientes consideraciones de M. Seco (*op. cit.*, pág. 254): «El uso del cultismo como sustituto llamativo de una voz cotidiana es un procedimiento de comicidad por contraste, que ocupa un lugar importante en el madrileño popular. No es sólo la comicidad el objetivo previsto, pero es indudable que la interpolación de una voz culta dentro de un texto de inconfundible sabor popular ha de producir en el oyente la sensación de sorpresa que se experimenta ante lo inesperado e incongruente. En la desproporción entre el cultismo y el popularismo se produce una desvalorización del primero, y precisamente la desvalorización, el rebajamiento de la dignidad axiológica, es una de las fuentes de lo cómico.»

[10] La iglesia madrileña de San Ginés, en la calle del Arenal.

he conchabao[11] con la Pelitos y nos hemos hecho vergonzantas.

SEÑÁ JUSTA.—¿Y las va a ustés bien?

SEÑÁ LIBRADA.—Pos, hija, pa como están las cosas, se va tirandillo. Sino que es mucho aperreo. Porque, un supongamos, viene la vesita de San Vicente a mi casa; pos ya me tie usté pasando to el mobilario a ca la Pelitos. Me quedo con un jergón, el baúl viejo, media vela en una botella y una silla inválida; acostamos a Casimiro, el chico de la Onofra, que es una especialidad en toses y quejidos, y presentamos un cuadro que es pa caérsele el corazón a una pantera. Que, otro suponer, va la vesita domiciliaria a ca la Pelitos: pos me pasa a mí tóos sus trastos, se echa en una manta el señor Cosme, que hace el moribundo que asusta de bien, y raro es el día que no nos dejan, a más del donativo semanal, tres u cuatro pesetas de su *motu*[12].

SEÑÁ JUSTA.—Así se están ustés poniendo el cuerpo de ensalás de escabeche y frascos de vino.

SEÑÁ LIBRADA.—¿Y no se lo gana una con lo que tié una que lidiar con esas tías de señoronas, que le piden a usté recibo hasta de una perra chica?...

SEÑOR CELIPE.—*(Terciando en la conversación.)* Y que lo digas... ¡Que hay que ver lo de mala fe que se ha puesto la caridá hoy en día! Un asco. ¡Amos!... La otra tarde, que salí a pedir, me hizo a mí una señorita una ación, que si no hay gente la pego.

SEÑÁ JUSTA.—Pues, ¿qué le hizo a usté?

SEÑOR CELIPE.—Náa, que la digo en un tono que era pa partir grava de dolorido, y quitándome la gorra y todo: «Señorita, por la salú de sus hijos, déme usté pa un panecillo, que hace cuarenta y ocho horas que no lo pruebo.» Se hace la magoya[13] y aprieta el paso. «Señorita, que tengo mucha nesecidá. Si no se fía usté, allí hay una tahona. Cómpremelo usté misma.» Y va y dice: «Bueno;

---

[11] *conchabarse,* 'ponerse de acuerdo o asociarse con otro para algún fin'.

[12] *de su «motu» (de motu proprio),* 'por su cuenta'.

[13] *magoya,* 'tonta'. Es palabra gitana.

venga usté conmigo.» Y vamos y me compra una libreta, salimos a la calle, y, ¡pasmarse!..., me la parte por la metá antes de dármela.

SEÑÁ LIBRADA.—¡Qué pécora!
SEÑÁ JUSTA.—Pa quitarte de revenderla.
SEÑOR CELIPE.—Claro, como que es lo que yo pensaba hacer si no me la mutila. ¡Serán sinvergonzonas!
SEÑÁ LIBRADA.—Haberla pegao, so primo.
SEÑOR CELIPE.—Déjate, que ya la conozco.
SEÑÁ JUSTA.—Y «lo del pañuelo», ¿va cundiendo, señor Celipe?
SEÑOR CELIPE.—Es lo más produtivo, pero ya va en baja.
SEÑÁ LIBRADA.—¿Y qué es «lo del pañuelo»?
SEÑOR CELIPE.—Pues náa: un truco que se le ha ocurrío al señor Quintín el Bolas, que es un diantre [14] pa inventar. Nos ha reclutao a siete u ocho conocidos de la cuesta e las Descargas; nos caracteriza de albañiles con un poco de yeso, que paece talmente que acabamos de bajar del andamio, nos lleva a Recoletos, tiende un pañuelo de hierbas en metá del paseo y le dice, señalándonos, a tóo el que pasa: «Grupo de obreros sin trabajo.»
SEÑÁ LIBRADA.—¿Y sacaban ustés mucho?
SEÑOR CELIPE.—Ha habido día que hemos porrateao a seis ochenta por barba, descontá la cena, vino y puros. Pero la otra tarde, que íbamos decisiete, tendimos el moquero en la Castellana, y... ñascas [15]. Ni quince céntimos..., y eso que pasó el presidente del Consejo, que no es que nos diera na, pero animó bastante.
PENDINGUE.—(*Cargándose a cuestas el artefacto.*) ¡Amos, estoy oyéndoles a ustés, y me paece mentira que haiga primos que trabajemos entavía!...
SEÑOR CELIPE.—¿Qué te pasa, Pendingue?
PENDINGUE.—¡Valiente mano de sinvergüenzas! Hacen pero que muy bien en recogerlos a ustés y meterlos en los asilos.

---

[14] *diantre*, 'diablo'.
[15] *ñascas*, 'nada'.

Señor Celipe.— ¡Recogernos!... ¡Jay..., jay!... ¡Pos no lo han intentao veces!... ¡Si se creerá el alcalde que es hacer compota!...
Señá Librada.—A más, que si no diesen no pediríamos.
Señá Justa.—Esa es la fija. De forma que si quien acabar con la mendicidaz y quieren recoger, que no recojan a los pobres que piden; que recojan a los tontos que dan, que son los culpables.
Señor Celipe.—¡Aplastante!
Pendingue.— ¡Oye: pues eso es verdá! Si me lo tropiezo, se lo digo al alcalde. *(Vase.)*
Señor Celipe.—Y dale dulces... recuerdos.

TELÓN

Los culpables

En la Ronda de Toledo, junto a la verja de la Veterinaria, y entre los puestos de chamarileros que clasifican y exhiben para una increíble reventa toda la escoria de la vida de Madrid, hay una barbería al aire libre.

El establecimiento reduce su mobiliario a dos sillones viejos, una bacía abollada, un anafre[1] cojo con un puchero de agua caliente, tres taburetes y un letrero que revela el humorismo del maestro, SEÑOR LUCAS: *La Suavidaz.—A quincito la barba.—No se azmiten propinas.—Ay desinfeztantes.—Calefacción central.*

Es sábado. Empieza a llegar la parroquia. El SEÑOR LUCAS ejerce con PACO el PUNTALES, un guapo de las Peñuelas. EL RICITOS (aprendiz) desuella a un carretero que tiene el vehículo a dos pasos y que, con la cara llena de jabón, jura como un condenado cada vez que advierte, por los cencerrillos de las colleras, la menor impaciencia en las caballerías.

El SEÑOR ISIDORO, que ha dejado en el suelo el saco en que lleva los chismes de componer tinajas y artesones[2], espera leyendo un periódico.

CEFERINO y VALENTÍN vienen desde el paseo de las

---
[1] *anafre* o *anafe*, 'hornillo portátil de hierro, barro, piedra, o ladrillo y yeso'.
[2] *artesón*, 'recipiente de base redonda o cuadrada que vulgarmente sirve en las cocinas para fregar'.

Acacias discutiendo acaloradamente. Se paran junto a la barbería; parece que se disponen a aguardar.

El *establecimiento* queda pendiente de su controversia.

VALENTÍN.—*(Tratando de calmarle.)* No te aglomeres, Ceferino.

CEFERINO.—*(Muy nervioso.)* Si no me aglomero, señor...; pero es que tú tiés un *modus vivendi*[3] de discutir, que si no avasallas no te conformas.

VALENTÍN.—Porque te las canto como puños.

CEFERINO.—¿De dónde?

VALENTÍN.—Y náa más. Y un servidor lo que te argumenta con razones inrefutables es que en España la culpa de tóo el atraso en que vevimos las clases neutras la tién los toreros. Así, en rotundo.

CEFERINO.—*(En un tono de guasa castizamente madrileña.)* ¡Azofaifas![4]

VALENTÍN.—¿Azofaifas?... Mientras quede en España una coleta, el progreso nacional será un mito. Apúntate esa frase y ponle orla.

CEFERINO.—Amos, no seas cursi, Valentín.

VALENTÍN.—¿Cómo cursi?... Pero ¿tú no vas a los teatros ni lees Prensa formal?

CEFERINO.—Yo voy donde haiga que ir... si me convidan, y leo lo que me se presente; pero me juran a mí que del atraso de Cuenca u de Jaén, pongo por cabezas de partido, tien la culpa las dos corridas de toros que se dan al año (y que además no va nadie), y eso no se lo creo yo ni a mi señor padre, que estará en La Gloria.

SEÑOR LUCAS.—*(Aterrado.)* Pero ¿se ha muerto?

CEFERINO.—Me refiero a esa taberna que hay ahí, orilla el Matadero. No alarmarse.

VALENTÍN.—Servidor lo que te mantiene, digas tú lo

---

[3] «*modus vivendi*», loc. lat., 'modo de vivir'.

[4] *azofaifas* o *azufaifas*, fruto del azufaifo. La palabra es empleada aquí con valor de negación despectiva. «El motivo vegetal disfruta de bastante aceptación para la negación despectiva: además de las *naranjas*, las *pamplinas* o el *rábano* [...], encontramos *azofaifas*...» (M. Seco, *op. cit.*, pág. 225).

que digas, es que la tauromaquia es la plaga que nos corroe.

Ceferino.—Pues estás. errao.

Valentín.—¿Yo errao?

Ceferino.—Con hache y sin ella. Que no te se olvide.

Valentín.—*(Con viveza.)* Oye, tú, que eso es faltar.

Ceferino.—Si es que ya me estás llenando la canasta [5], hombre, que no sabes otra... Que si los toreros, que si los toros, que si la flamenquería... Vaya, ¿quiés que te diga yo de una vez quién tié la culpa de que España sea una merienda u, pa hablarte más en modernista, un lunche [6] de negros?

Valentín.—¿Quién?

Ceferino.—Pues tú.

Valentín.—*(Asombrado.)* ¿Yo?

Ceferino.—Sí, señor, porque vamos a cuentas (y no es que te vaya a hablar de las deciocho pesetas que me debes): tú, en vez de despotricar en la taberna horas y horas contra todo lo existente, ¿por qué no te vienes al taller y arrimas el hombrito y trabajas?

Valentín.—*(Con solemnidad.)* Yo no trabajo por patriotismo, pa que te enteres.

Ceferino.—¡Rechufla!

Valentín.—Ni más ni mangas. Te lo tengo dicho cientos de veces. Yo no trabajo tan y mientras la solidaridad obrera no sea un hecho hecho y derecho y tan y mientras (y fíjate en esto) la explotación patronal no caiga a los embates del coletivismo trabajador.

Ceferino.—*(Con cierta ironía.)* ¿Coletivismo?

Valentín.—*(Recalcando.)* Co le ti vis mo.

Ceferino.—Pues si pensase lo mismo que tú la Asunción, que la ties hecha una azacana en el despalillao de la Fábrica Tabacos, ibas tú a comer coletivismo con virutas.

Valentín.—No me desvíes el argumento, Ceferino.

---

[5] *llenar la canasta,* 'agotar la paciencia'.
[6] *lunche,* vid. nota 8 a *Los pobres.*

Ceferino.—Si no te lo desvío... Lo que hay es que tú has encontrao una mujer trabajadora y aznegada que te mantiene el pico, y de oficial tallista que eras te has hecho oficial de catre, y te pasas el día en una postura apaisada y agarrao a un socialismo de en su lugar descansen, que me río yo de los peces multicolores.

Valentín.—Oye, tú; poquito caneo [7], ¿eh?..., que no me he quemao yo las pestañas en la biblioteca de la Casa del Pueblo pa que vengas tú a chuflarte [8] de mis conclusiones socialistas...; y mi conclusión es...

Ceferino.—Tu conclusión va a ser en las Hermanitas de los Pobres si sigues el camino que llevas. Miá el día que te lo digo.

Valentín.—Pero ven aquí, peazo e troncho... ¿Tú has leído a Karapoquine? [9]

Ceferino.—¿A Cara... quién?

Valentín.—A Karapoquine.

Ceferino.—Yo no he leído a nadie... pero he vivido unas miajas, y hace treinta y cinco anualidades que me gano los gabrieles [10] con el sudor de mi cuerpecito serrano, y te digo (y cree a un tonto) que en cuestiones de unión trabajadora no conozco más que una unión que no falla.

Valentín.—¿Cuála?

Ceferino.—La del obrero con la herramienta. Tú agárrate a la garlopa, y diga Karapoquine lo que diga, cocido.

Valentín.—Lo que te pasa a ti es que eres un individualista burdo y adocenao.

---

[7] *caneo*, 'burla'.

[8] *chuflarse*, 'burlarse'.

[9] Karapoquine, por Kropotkin (1842-1921), político revolucionario ruso, cuyas obras e ideas alcanzaron gran difusión en Europa. *Vid.* nota 6. Según Seco (*op. cit.*, pág. 50), «La *e* final de *Krapotkin* > *Karapoquine* [...] debe considerarse como original, ya que seguramente este nombre ruso sería entonces conocido en España a través de la transcripción francesa, *Krapotkine*».

[10] *gabrieles*, 'garbanzos'. M. Seco (*op. cit.*, pág. 377) cita el siguiente texto de Baroja (*Las noches del Buen Retiro*): «Llamaba a los garbanzos los gabrieles.»

CEFERINO.—Lo que soy yo es un sensato, y no vosotros, que sois unos vagos de pronóstico y unos farsantes del cuarenta y dos [11].

VALENTÍN.—No te aglomeres, Ceferino.

CEFERINO.—Y náa más. Unos farsantes que sus balandronáis de coletivismo y de socialismo y de naranjas de la China, y salís por la calle gritando: «¡Abajo los consumos!», y «¡Maura [12], no!», y «¡Gorrínez, sí!», y luego llegan unas eleciones, y vas tú, como hiciste el año pasao, y vendes el voto por dos pesetas y un macho de codorniz.

VALENTÍN.—*(Acorralado.)* Hombre..., aquello fue un compromiso.

CEFERINO.—Entonces, ¿de qué te quejas, so primo? Con obreros que venden el voto, y piensan al díztao, y se pasan el día en la tasca, y no mandan a los chicos a la escuela, y le arrean a la mujer, y no respetan a náa, ¿qué quieres que sea España?... Pues un país que marcha al ragú de la civilización. Pa que veas que yo también sé frases.

SEÑOR LUCAS.—*(Interviniendo.)* Usté la ha agarrao, señor Ceferino.

VALENTÍN.—¿Es que me van ustés a negar que la plaga de los toreros es la causanta del atraso del país?

PACO EL PUNTALES.—*(Amoscado.)* ¡Pero qué tendrá que ver un par de banderillas con la telegrafía sin hilos, señor!

SEÑOR ISIDORO.—¿U es que cree usté que el día que se retire Belmonte van a saber leer de repente tóos los que no han aprendido?

SEÑOR LUCAS.—*(Sentenciosamente.)* Aquí hay toreros porque hay hambre. Porque todos los que penamos en esta vida quisiéramos la felicidad de un golpe. Y pa eso, si es usté pobre, ¿en qué va usté a soñar? Pues en cosas

---

[11] *del cuarenta y dos,* 'de categoría', por alusión al calibre cuarenta y dos de ciertas armas.

[12] Grito de los enemigos de Antonio Maura (1853-1925), importante político español del Partido Conservador que fue Presidente del Gobierno (1907-1909).

que le suban a uno de pronto: en la lotería, en el toreo, en el teatro. De aquí que no haiga padre que no sueñe con tener un hijo Gallito [13] y una hija Tórtola [14].

Señor Isidoro.—Lo malo es que a lo mejor el hijo le sale a uno calandria y la hija pava.

Paco el Puntales.—Que, en custión de suerte, los volátiles no se escogen.

Ceferino.—Usté lo ha dicho.

Señor Lucas.—Son los sueños del hambre, que hacen víctimas. Pero, como ha argumentao muy bien aquí, el señor Ceferino, la ruina nacional no está en los toros ni en los toreros; está en el publiquito.

Ceferino.—Que es de uva.

Señor Lucas.—¿Y saben ustés la única receta faztible pa salvar este país cuála es?

Todos.—¿Cuála?

Señor Lucas.—Pues muy sencilla: que durante diez años trabajase tóo el mundo y no hablase nadie. Y si al cabo de ese tiempo de aplicación y de silencio no habíamos pogresao en un mil por mil, daba yo un vale con oción a que me se machacase la masa encefálica. He dicho.

Todos.—¡Ole!... ¡Muy bien!... ¡Que sí!... *(Le ovacionan.)*

Señor Lucas, después de agradecer conmovido los aplausos, sigue afeitando a Paco.

Paco el Puntales.—*(Dando un grito terrible de dolor.)* ¡Ay!...

---

[13] Se refiere al famoso torero José Gómez *El Gallo, Gallito* o *Joselito*. Tomó éste la alternativa el 28 de septiembre de 1912, y murió de una cogida en la plaza de toros de Talavera de la Reina, el 16 de mayo de 1920.

[14] Se refiere, sin duda, a Tórtola Valencia, bailarina muy conocida en los primeros años del siglo XX y que algunos historiadores han asimilado a la estética del Modernismo. Acaso algunos rasgos suyos inspiraron a Ramón Pérez de Ayala para el personaje de Verónica, de su novela *Troteras y danzaderas,* y a Gregorio Martínez Sierra para el personaje de Carmelina, de su novela *Tú eres la paz.* Otro escritor, Eugenio Noel, elogió así a esta danzarina: «Quien no la vio bailar [...] no sabe qué cosa sea la danza.»

Señor Lucas.—*(Con espanto.)* ¿Qué ha sido?

Paco el Puntales.—Náa, hombre; que le han hecho a usté una ovación, pero que no han pedío la oreja, y de poco me la corta usté. *(Limpiándose unas gotas de sangre.)*

Señor Lucas.—¿Lo estáis viendo? Si es lo que yo decía: trabajo y silencio. Es como se hacen bien las cosas.

TELÓN

El premio de Nicanor o ¿a quién le doy la suerte?

(Cuento representable)

Lugar de acción: Comedor de casa pobre.—Sitio de la ocurrencia: Madrid, 22 de diciembre, día de sorteo.
Personajes: BRÍGIDA, treinta y ocho años. SEGUNDA, treinta y cinco años. NICANOR, cuarenta y siete años. ISIDORO, cuarenta y seis años.

ESCENA PRIMERA

El SEÑOR ISIDORO, que está entregado a las labores impropias de su sexo, barre la habitación y le echa, de cuando en cuando, una miradita al puchero solitario, que borbolla[1] en el pequeño fogón de la humilde cocina, con monótono ronroneo.

El hombre, mientras barre, tararea el popular *couplet Ladrón..., ladrón,* pero sin ánimo de molestar a nadie.

De pronto, se abre violentamente la puerta del cuarto y aparece la SEGUNDA, lívida, desgreñada, con el mantón caído y un ojo amoratado. Trae la falda rota y las manos

---

[1] *borbollar*, 'hacer borbollones el agua'; *borbollón*, 'erupción que hace el agua de abajo para arriba, elevándose sobre la superficie'.

llenas de arañazos. La siguen NICANOR y la BRÍGIDA, con caras de susto.

SEGUNDA.—*(Al aparecer.)* ¡Aay, Isidoro! ... ¡Ay, Isidoro de mi vida!...
ISIDORO.—*(Cayéndole la escoba de espanto.)* ¿Pero, qué te pasa, Segunda?
SEGUNDA.— ¡Ay, la niña!... ¡Ay, que he perdido la niña!
ISIDORO.—*(En el paroxismo del terror.)* ¿Pero la niña de quién?
SEGUNDA.— ¡La del ojo izquierdo!
ISIDORO.—*(Con las manos en el corazón.)* ¡Ay, Segunda, si no llegamos a ser un matrimonio sin hijos, me matas del susto!
SEGUNDA.— ¡Ay, que me han dejao tuerta!
ISIDORO.—*(Suplicante.)* ¿Pero, por Dios, Segunda, y usted, señor Nicanor, y usté, señá Brígida, quieren decirme, por tóos los santos del cielo, lo que ha sucedido?
NICANOR.— ¡Un broncazo de órdago! [2]
BRÍGIDA.— ¡Ha sío horrible!
SEGUNDA.—*(Llorando de rabia.)* ¡Sal y mátalos..., sal y mátalos, Isidoro, que me han puesto la mano encima!
ISIDORO.—¿Pero quién te ha puesto a ti la mano encima?
SEGUNDA.— ¡Muchos!
ISIDORO.—¿Qué dices, Segunda?
BRÍGIDA.— ¡Que eran diez u doce contra ella!
NICANOR.—Si no los separo la hacen migas.
SEGUNDA.—*(A ISIDORO.)* Mira el pelo que traigo entre los dedos.
ISIDORO.—*(Fijándose en el color.)* ¿Te has pegao con una castaña?
SEGUNDA.— ¡La he pelao!
ISIDORO.—¿Pero quién era?
SEGUNDA.—Mi cuñada..., ¡la Enriqueta!
ISIDORO.— ¡Repeine! ... ¡¡Un *fatricidio*!!

---

[2] *de órdago,* 'excelente, de superior calidad'.

Brígida.—Yo, cuando entré en la carpintería, al oír el escándalo, ya estaban atizándose.

Nicanor.—Y yo no vi más que la Enriqueta golpeaba a la Segunda, la Segunda a los oficiales, los oficiales al aprendiz y el aprendiz a la gata. Y a tóo esto, su mujer de usté salió con el puchero de la cola en alto y dando gritos, repartía pucherazos y se pegaba con todos.

Isidoro.—¡Ya me lo figuro!... *(A Segunda).* ¿Pero qué te ha movido a armar esa trapatiesta? [3]

Segunda.—¡Ay!... Deja que me siente y te lo contaré todo. Dame un poco de agua...

Isidoro.—No hay filtrada.

Segunda.—Te iba a decir aguardiente; que es que la congoja no me deja decir las frases.

Isidoro.—*(Sirviéndoselo.)* Toma y cuenta, cuenta.

Segunda.—Veréis por lo que ha sido la cosa. *(Bebe.)* Una tarde, hace ya dos domingos, salimos la Enriqueta y yo a dar un paseo por las afueras, y sin saber cómo ni cuándo, nos encontramos de pronto en la Fuente del Berro, en el merendero del Badanas. Llegamos a la puerta del establecimiento, nos paramos ante un barril de escabeche, y como saben ustés lo caprichosa que es la Enriqueta, va y me dice: «¿Quiés que le demos un disgusto a ese bonito?» Yo la dije: «Pa luego es tarde». Conque nos sentamos mano a mano, y nos sirven una ensalá, medio frasco de Valdepeñas y unas naranjas que daban gloria. No habíamos pasao de la tercera aceituna, cuando de repente me siento una cosa que me corría por el pescuezo, me vuelvo, ¿qué dirás que era?

Isidoro.—¡Una oruga!

Segunda.—¡El señor Cosme!

Isidoro.—¡El guardia!

Segunda.—El mismo, que me estaba haciendo cosquillas con una ramita. —«¡Hombre, paece mentira que haga usté esas cosas con casco y todo!», le dije yo—. «Segunda, tié usté un cuerpo de primera... y no es retrú-

---

[3] *trapatiesta,* 'riña, alboroto'.

cano»[4] —me agrega él—. «Sí, pero no sé si se habrá usté fijao que no es cuerpo de guardia»—, le contesté. Y entre estas y otras chirigotas[5] por el estilo, va, se nos sienta en la mesa y empieza a pellizcarnos...

ISIDORO.—*(Alarmado.)* ¿Dónde?

SEGUNDA.—En la ensalada, no seas mal pensao. Total, que como es tan tragón, en un par de viajes[6] que le tiró a la lechuga, nos dejó la fuente más desierta que la Cibeles a las cinco de la mañana. Nos levantamos. Nos dejó pagar...

BRÍGIDA.—¡Qué tío gorrón!

SEGUNDA.—Y cuando nos estábamos poniendo los mantones pa volvernos a Madriz, sin saber de dónde había salido, va y se nos pone delante un tío negro que anda por ahí vendiendo décimos de la lotería.

NICANOR.—Sí, uno alto, con gorra... Le conozco.

SEGUNDA.—El mismo. Es un negro que no se despinta. «¿A quién le doy la suerte?...», nos dice. «El 15.151!...» —«¡Capicúa!»—, gritó el señor Cosme. Y claro, entre la buena sombra que tienen los negros y la tentación del numerito, pues *delincuimos,* y le tomamos una participación de seis pesetas en un décimo de Navidad. Conque se hizo la Enriqueta depositaria del resguardo, y yo —que no llevaba dinero encima—, quedé en darle los ocho reales de mi parte.

ISIDORO.—*(Dándose una palmada en la frente.)* ¡Maldita sea mi suerte, ya lo adivino! ¡¡Te olvidaste de darla[7] el dinero y os ha tocao!!...

SEGUNDA.—Nos han tocao sesenta duros... Isidoro... ¡mira la lista!... Y ahora, la muy galocha[8], porque no le aboné las dos pesetas, va y me niega mi parte...

ISIDORO.—¡Qué ladrona! ¿Y qué te ha dicho?

---

[4] *retrúcano,* por *retruécano,* 'inversión de los términos de una proposición en otra subsiguiente para que el sentido de esta última forme antítesis con el de la anterior'.
[5] *chirigota,* 'cuchufleta: dicho o palabras de zumba o chanza'.
[6] *viaje,* 'acometimiento; golpe asestado con arma blanca corta'.
[7] *de darla...,* obsérvese el laísmo.
[8] *galocha,* 'dícese del que es de mala vida'.

Segunda.—Pues dice que yo le dije al señor Cosme que no quería jugar.

Isidoro.—¿Y es verdá que se lo dijiste?

Segunda.—Sí, pero el juego a que yo me refería era porque me andaba gastando bromas con el casco. ¡Conque escuso decirte... De que he visto la infamia que me hacían, me he vuelto loca, he empezao a golpes en pleno taller... y mírame la niña *(señalándose un ojo)*, que de poco me la sacan a paseo!

Isidoro.—*(Justamente indignado.)* ¿Lo estás viendo, Segunda, lo estás viendo?... ¡La lotería!... ¡La maldita lotería, que encima que merma el jornal de los pobres y los arruina, no da más que disgustos!

Nicanor.—*(A Brígida.)* Oye, tú, dice Isidoro que la lotería no da más que disgustos... *(Riendo escandalosamente.)* ¡Ja, ja, ja!...

Brígida.—¡Disgustos la lotería!... ¡Ja, ja, ja!...

Isidoro.—*(Asombrado.)* ¿Pero, de qué se ríen ustés?

Nicanor.—De lo que acaba usté de decir.

Isidoro.—¿Que no da disgustos la lotería?

Nicanor.—¡Ca, hombre!... Nuestra felicidad, la tiendecita que tenemos, que es nuestro bienestar, y tóo lo que disfrutamos ésta y yo en el mundo, se lo debemos a la lotería.

Isidoro.—¡A la lotería!

Segunda.—¿Pero, cuándo les ha caído a ustedes?

Nicanor.—Nos cae tóos los años.

Los dos.—¡Todos!

Nicanor.—Sin faltar uno. Ahora, que pa coger esos premios, hay que saber jugar, como jugamos ésta y yo.

Isidoro.—*(Codicioso.)* ¡Rediez!... ¿Quié usté venderme la martingala[9], por lo que sea?

Nicanor.—No, hombre; como son ustés buenos amigos, les voy a regalar el secreto.

Los dos.—*(Con gran interés.)* Venga.

Nicanor.—Pues, señor —y va de cuento—, de recién casaos, no le encontré yo a esta mujer de mi perte-

---

[9] *martingala*, 'artimaña, artificio para engañar'.

nencia, aquí presente, más mácula que una afición terrible a la lotería. Se me gastaba el jornal en décimos; empeñaba las cosas para tomar participaciones... y en jamás teníamos ni peseta segura ni hora tranquila. Por una granujada parecida a la que les han hecho a ustedes, tuve yo que regañar con mi maestro y me quedé sin trabajo; y nos vimos en el juzgao, en la calle, qué sé yo... Pero ésta, náa, empeñada en jugarse las pestañas. ¡Pues, señor, qué haré yo pa que a esta mujer tan buena se le quite ese maldito afán y no sea mi desgracia y mi perdición! —me dije. Conque cavilé, cavilé y al fin di con el remedio.

Los DOS.—¿Cuálo?

NICANOR.—Verán ustés. Una tarde salgo de casa, compro una hucha grandísima y le escribo en la panza lo siguiente: «Administración de Loterías», y voy y la digo a ésta: —Brígida, ya me he hecho yo también jugador. ¡Tú! —Yo. Todas las extracciones [10] vamos a jugar. Mira donde hemos de comprar los décimos—. Y la [11] enseñé el cacharro ahorrativo. Conque llega el sorteo de tres pesetas y tres pesetas que eché en la hucha. Llega el de a duro, y duro en la hucha; llega el de dos duros y cuarenta realitos pa dentro. Y dos pesetas que agregaba por las propinas de los ciegos, pues cuatro duritos que metíamos al mes. —¡Pero cómo va a tocarnos jugando de este modo! —decía la Brígida—. Un poco de paciencia, que ya verás cómo viene el premio grande. Y así, con esta broma, estuvimos dos años, tres, cuatro... hasta que a los cinco, un día —el día de su santo, bien me acuerdo—, cogí la hucha y le dije: —¡Mujer, ya tenemos en casa el premio gordo!— Le di un porrazo al artefacto y cinco mil reales que rodaron rebrincando por encima de la mesa. ¡Tenían ustés que haber visto su alegría!

---

[10] *extracción,* 'en el juego de la lotería, acto de sacar algunos números con sus respectivas suertes'.
[11] *Vid.* nota 7.

¡Quiso hasta comprarse un *guá!* [12] —Espera, le dije, —toavía no. Con aquellos cuartitos, aconsejao por un contratista amigo mío, compré en Madrid los desechos de un derribo pa venderlos luego a uno que estaba haciéndose un hotel en Las Rozas. Total, que me gané ochenta durazos en el negocio. Luego hice otro negociejo, otro después, y cambalacheando [13] con tino y acierto, al remate ajuntamos diez mil pesetitas y pusimos la tienda. Y tóo esto, sin dejar de jugar toas las extraciones en nuestra *Administración.*

ISIDORO.— ¡Ay, Segunda, vaya un ejemplito!

NICANOR.—Y hoy, pos ya lo ven ustés, gracias a nuestros *décimos,* miramos cara a cara a la vida, sin miedo al hambre y sin que nos dé tristeza el bien de los demás, y siempre contentos; que el que come y no envidia, está de espaldas al diablo. Y somos felices, lo que cabe en el mundo, —claro está—, pero lo somos; y que mucho nos dure. Y ustés que lo vean. Éste es mi cuento.

ISIDORO.—Es usté el primer tío del planeta, Nicanor.

NICANOR.—Soy un obrero honrao y práztico que creo que el dinero del juego, con el juego se va; porque las pesetas son como los pájaros, no hacen nido más que en los sitios tranquilos.

ISIDORO.—Ni una palabra más. Mañana me compro una *Amenistración* como la de ustedes.

NICANOR.—Doña Voluntad se llama la lotera. Es detalle muy importante.

BRÍGIDA.—Jueguen con fe y paciencia como nosotros, y verán cómo al remate pueden ustés decir con más razón que los riferos de los mercaos: «¡En este juego siempre toca!»

TELÓN

---

[12] *guá*, por *boa* (con la consonante *b* inicial convertida en *g,* cierre de la vocal *o* y cambio de acentuación, fenómenos debidos a vulgarismo), 'prenda de piel o pluma y en forma de culebra, que usan las mujeres para abrigo o adorno del cuello'.

[13] *cambalachar* o *cambalachear,* 'hacer cambalaches: trueque de objetos de poco valor'.

Los neutrales

Madrid. Va mediando octubre. Son las cuatro de la tarde. Una bruma tenue nubla el perfil de la sierra lejana. La luz del sol es color de oro pálido, y el azul del cielo, un poco gris. Hace calor, un calor que atenúan frescas ráfagas de aire que soplan de cuando en cuando, levantando ligeros remolinos de polvo y haciendo cabecear suavemente los árboles, que ya amarillean.

Desde la calle de Magallanes, después de atravesar por frente a los antiguos cementerios clausurados, bajan por los desmontes del tercer Depósito, camino de la dehesa de Amaniel, el SEÑOR SEVERINO, ANTOLÍN EL PEROLES y MARCELIANO.

Son tres trabajadores por su aspecto..., pero por su aspecto nada más. Se dirigen a un merendero. No es día festivo, pero no le hace [1].

Llegan, se quitan las chaquetas, se sientan y piden una ensalada de escabeche con olivas del cuquillo y un frasco del de Méntrida [2].

Fijándose bien se observa que EL PEROLES lleva sobre gran parte de su nariz, hinchada, un trozo enorme de tafetán. Está un poco pálido. Por lo visto, sale a convalecer, aprovechando la hermosura de aquella dulce y dorada tarde otoñal.

---

[1] *no le hace,* 'no importa'.
[2] De vino de Méntrida.

Señor Severino.—(*Al* Peroles.) Bueno, y ¿cómo vas de eso de la nariz?

Peroles.—Pues ya lo ve usté, ayer me levantaron el apósito.

Marceliano.—Te lo levantarían entre cuatro, porque la heridita...

Señor Severino.—¡Gachó, llevas tafetán pa esterar un gabinete!

Peroles.—Es que ha sío una barbaridaz el daño, señor Severino.

Marceliano.—¿Y no t'han encontrao fraztura?

Peroles.—Aberenjenamiento[3] nada más. Y me ha dicho el médico de la Policlínica que, de no sobrevenir un estornudo, pa Carnaval ya tendré las narices que parecerán naturales.

Marceliano.—Sí, porque si no te se arreglan pa entonces y hablas con voz de máscara, no te conocemos.

Señor Severino.—¡Pero, chiquillo, cuidao con el golpe que te dio el bruto ese de Felipe!

Peroles.—Y gracias que me arreó frente al escaparate de una mantequería.

Marceliano.—Gracias, ¿por qué?

Peroles.—Porque, claro, aunque rompí la luna, me dio la cabeza contra un barril de manteca, y eso me contuvo algo.

Marceliano.—¡Cómo saldrías del escaparate!

Peroles.—Que parecía media tostada. ¡Hasta el tabaco me sabe a manteca toavía!

Señor Severino.—Y la bronca, ¿por qué fue?

Peroles.—Pues náa, lo palpitante: la guerra. Que ya sabe usted que yo soy germanófilo[4] hasta las cachas[5], y le tengo al kaiser[6] un cariño muchísimo más infinito que a mi tía Sebastiana, a la que le debo el ser...

Marceliano.—¿El ser zapatero?

---

[3] *aberenjenamiento*, 'color del fruto de la berenjena'.
[4] *germanófilo*, partidario de los alemanes en la Guerra de 1914 a 1918.
[5] *hasta las cachas*, 'a más no poder'.
[6] Kaiser, emperador de Alemania.

PEROLES.—El ser zapatero y el otro. Y, claro, el bestia ese es aliao [7], porque está enamorado de una hija de un *chufer* francés, *mesié* Maurice. Empecemos a hablar de la toma de Lille [8], y, de buenas a primeras, va y me dice que el kronprince [9] era un *boche* [10], y yo le dije que Poincaré [11] era un *buche,* y va y me denigra a Hindemburge [12], y me agrega que pa mover cuerpecitos de ejército, Joffre [13]. ¡Amos, me caí de hilaridaz! ..., y, tomándolo a chufla [14], le agrego: «Será mu buen general; pero ya se podía comprar otros pantalones [15] que le estuviesen mejor.» ¡Pa qué quiso oír más!... A partir de los pantalones, el broncazo padre. Gritemos, nos insultemos, se arremolinó la gente, yo le corté la digestión de una patada; él me dio con el puño en las narices y... sobrevino la manteca.

MARCELIANO.— ¡Qué reinoceronte!

SEÑOR SEVERINO.— ¡Pero, hombre, yo no sé por qué tomáis las cosas con esa calor!

PEROLES.—Pues a usted bien que le he oído yo despotricar cuando le dijeron lo de Lovaina [16].

---

[7] Partidario de los Aliados, que eran Francia e Inglaterra.
[8] Ciudad francesa.
[9] Kronprince, por Kronprinz, 'príncipe heredero del trono, en Alemania'. *Vid.* nota 8 a *Los pobres.*
[10] *boche,* aplicado, despectivamente, a los alemanes, del fr. *boucher* 'carnicero'. Es evidente, además, el cruce con *buche* 'borrico', que aparece en seguida.
[11] Poincaré (1860-1934), político y hombre de estado que fue Presidente de la República francesa de 1914 a 1920.
[12] Hindenburg (1847-1934), mariscal alemán, una de las más destacadas figuras militares de la guerra europea de 1914-1918. Elegido presidente del Reich en 1925.
[13] El general francés Joffre (1852-1931), jefe de los ejércitos de su país en los años 1914-1916 y mariscal desde la última fecha.
[14] *chufla,* 'burla'.
[15] Efectivamente, dibujos y caricaturas de la época presentan la figura del general Joffre con unos pantalones exageradamente anchos más arriba de las rodillas, tras de las botas altas de montar.
[16] Ciudad de Bélgica, ocupada por los alemanes en la guerra de 1914-1918, y que sufrió grandes daños por ello.

Señor Severino.—Sí; pero eso era antes. Al principio de las hostilidades me pegaba yo con mi sombra por Alemania. En fin: baste deciros que a mi cuñao Aniceto, que repartía una carrera de Abes ceces [17] el invierno pasao, un parroquiano, compadecido de verle que andaba a cuerpo le dio un ruso [18] pa que se abrigase; pues desde el día que le vi con el ruso, que ya no le volví a saludar. ¡Sería yo germanófilo!

Peroles.—¡Pobre Aniceto!

Señor Severino.—Y es lo que me decía el infeliz: «Hombre, yo aprecio mucho al kaiser; pero, como no me ponga calefacción central, yo no suelto este moscovita [19] hasta mayo.»

Marceliano.—Sí que te dio manía.

Señor Severino.—¡Un horror! Yo no pensaba en otra cosa, yo no hablaba de otra cosa. A mí no se me iba de la cabeza Amberes. ¡Pues y por las noches!... Me acostaba, y a soñar con la guerra. Submarinos, trincheras, zipelines [20], ¡qué sé yo!... ¡Y qué sueños más terribles!

Marceliano.—¿Qué soñabas?

Señor Severino.—Pues una noche, que por cierto en la cena me había caído un poco de aceite en el pantalón, soñé que estaba en el canal de la Mancha. La Bernabea, mi señora, era el U-18 [21], y yo un pesquero inglés. Como la mar estaba tranquila, yo me había entregao a la pesca; pero mi mujer, que ya la conocéis, se empeñó en darme caza, y no hacía más que hacerme señales pa que me detuviese. En vista de que yo no le hacía el menor caso, saca el telégrafo de banderas, y me dice: «Mi amigo, no se haga el *magoy* [22], y deténgase

---

[17] *Abes ceces,* curioso plural del nombre del diario *A B C,* de carácter enfático.
[18] *ruso,* 'gabán de paño grueso'.
[19] *moscovita,* 'ruso'.
[20] Zepelín, globo dirigible, impulsado por motores, capaz de transportar personas y carga, llamado así por el nombre de su inventor, el conde de Zeppelin, general alemán.
[21] Submarino alemán.
[22] *magoy,* 'tonto'.

en seco u le hago fuego.» Saco yo mis banderitas y le contesto: «A mí, plin»[23], y acelero la marcha. Entonces va ella y me profiere esa cosa fea que tiene por costumbre, y voy yo, me incomodo, y, ¡zas!, la embisto de proa; pero la muy ladrona me se sumerge, y, ¡cataplum!... Un torpedo en la linia de flotación. Total: que si no me agarro al chaleco salvavidas, me ahogo.

PEROLES.—Y gracias que dormía usté con chaleco.
SEÑOR SEVERINO.—¡No; si era soñando, hombre!
PEROLES.—¡Ah, sí; no me acordaba!
SEÑOR SEVERINO.—Otra noche soñé también que mi suegra me había puesto una alambrada a la puerta de la taberna y me quería aniquilar con los gases asfixiantes, pa que no entrase.
MARCELIANO.—¡Qué cosas más horribles!
SEÑOR SEVERINO.—Eso aparte de las broncas y las disputas que tenía constantemente. Hasta que ya cansao de aquella lucha, me dije: «Vaya, pues ni germanófilo ni aliadófilo. Me voy a hacer una cosa cómoda.»
PEROLES.—¿Y qué se hizo usté?
SEÑOR SEVERINO.—Gangófilo.
LOS DOS.—¿Y qué es eso?
SEÑOR SEVERINO.—Veréis qué pronto sus lo explico. Tras luengas (luengo es tóo lo que sea largo) y repetidas experiencias, he visto en el mundo que eso de la opinión es una filfa[24]. Cada hombre opina de las cosas según la postura en que le cogen. Por tanto, en el asunto bélico, un servidor ha amainao, pero que muy mucho, y, hoy por hoy, entro en la calle de Fuencarral, en la taberna de Custodio, y el que me hable mal de los aliaos se lleva las narices en cabestrillo; pero me corro a la calle de Hortaleza, me cuelo en la bodega del Riojano, y ¡viva el kaiser!
PEROLES.—Bueno; pero, entonces, su opinión de usté...

---

[23] *A mí, plin,* 'no me importa', contestación despectiva.
[24] *filfa,* 'engaño'.

Señor Severino.—Mi opinión es que me fíen; pa cuyo ojeto me adazto a las ideas del dueño del local en que delibero, que es lo que está haciendo la mar de gente. ¿Has caído, Peroles?
Peroles.—Pero eso...
Señor Severino.—Eso es vino y pasar el rato.
Marceliano.—Eso es no tener ideal.
Señor Severino.—¡Anda, éste!... Pero escucha, alma mía, ¿y qué ideal tienen los que arramblan con el arroz, y las patatas, y el ganao, y a pesar de la burrocracia [25] gubernamental se lo llevan frontera alante, pa que luego los pobres comamos ñáñaros? [26]
Peroles.—Eso tie un poco de razón.
Señor Severino.—¿Un poco?... Pasa de veinticinco kilos. Y como yo he vislumbrao que aquí hay quien come de la opinión, pues yo bebo. Y que rode la bola. ¿Estamos acordes?
Marceliano.—Yo no entro en esas gorrinadas, Severino; yo estoy como al prencipio, nutral, pero entusiasta. Cuando comenzó la guerra me compré un mapa de esos que vendían en la Puerta del Sol por veinte céntimos, y desde entonces que vengo siguiendo paso a paso, sin desmayar un momento, el movimiento melitar en todos los frentes de batalla.
Peroles.—¡Es curioso! ¿Y cómo lo sigue usté?
Marceliano.—Pues al prencipio lo seguía con banderitas; pero un día me se subió la gata al teatro de la guerra, me hizo un deterioro en los Dardanelos, y desde entonces que uso cereales.
Señor Severino.—¿Cereales?... ¿Y cómo t'arreglas?
Marceliano.—Mu fácil. Verás: los alemanes los tengo señalaos con garbanzos; los ingleses, con panizo; los rusos, con guisantes; los franceses, lentejas; los italianos son unas judías, y los servios, cominos.
Señor Severino.—¡Chico, qué bien!

---

[25] *burrocracia*, 'burocracia', por etimología popular.
[26] *ñáñaros*, 'desperdicio, cosa despreciable'.

MARCELIANO.—Que los rusos evacuan una plaza, guisantes pa fuera. Que los alemanes van a la plaza, garbanzos pa dentro. Que los ingleses no se menean, quieto el panizo. Y de esta forma no tengo más que echar un vistazo al mapa y, por el aspezto cereal, te digo en un menuto el estao táztico de los beligerantes.

PEROLES.—¡De primera!

MARCELIANO.—Ahora que dice la Petra, mi señora, que me ve días y días cavilando sobre las líneas de combate, que voy a acabar mochales perdido.

SEÑOR SEVERINO.—Y no te quepa la menor, que, a ese paso, das en una jaula.

MARCELIANO.—Hay noches, chico, que no puedo dormir, pensando cómo acabará este fregao.

SEÑOR SEVERINO.—¿Lo estás viendo?

MARCELIANO.—Tú, ¿quién crees que trunfará, Severino?

SEÑOR SEVERINO.—¡Qué sé yo! Pero a ti lo mismo te va a dar soo que arre; porque si ganan los ingleses, te quedas sin garbanzos, y, si ganan los alemanes, has rifao las judías; por tanto, antes que te vuelvas loco, coge todas las farináceas que tiés sobre el teatro de la guerra, hazte un potaje, y, por lo menos, sus alimentáis una semana. Hazle caso a un morenito claro.

MARCELIANO.—Pué que tengas razón.

SEÑOR SEVERINO.—Más de mucha. Y que no se te olvide que, en este potaje bélico que has armao, puedes señalar a España con pedacitos de calabaza.

MARCELIANO.—Es una idea.

PEROLES.—Bueno; pero lo que no me niegan ustedes ni me niega nadie es que las cosas que se ven en esta guerra no se han visto nunca.

MARCELIANO.—¿Qué se ve?

PEROLES.—La siguiente rareza, en la que me vengo fijando hace días: los alemanes, un suponer, cogen una plaza; bueno, pues primero la rinden y luego la ocupan.

SEÑOR SEVERINO.—¿Y qué?

PEROLES.—Que a mí toa la vida me ha pasao al revés.

Marceliano.—¿Cómo al revés?

Peroles.—Que yo tengo que estar muy ocupao pa rendirme.

Señor Severino.—Y pues añadir que la mayor parte de las veces no te ocupan ni aunque te bombardeen.

Peroles.—Que tengo días inexpuznables. *(Se despereza.)*

El mozo del merendero.—*(Dejándola sobre la mesa.)* La ensalada.

Señor Severino.—¡A ella, combatientes!

Marceliano.—Hombre, a mí, la verdá, estar aquí gozando nosotros en una tarde como ésta, y pensar que hay tantos millones de hombres peleando allá lejos..., me da así una meaja..., vamos...

Señor Severino.—Pero ¿es que íbamos a estar mejor en las trincheras, so primo?

Marceliano.—Hombre, no; pero...

Señor Severino.—¡Que allí se ventila el porvenir del mundo, pues aquí nos ventilamos nosotros!

Peroles.—Tóo es ventilarse.

Marceliano.—Sí; pero...

Señor Severino.—Moja y calla. ¡Pa algo somos nutrales! *(Comen y ríen.)*

TELÓN

El zapatero filósofo o año nuevo, vida nueva

Personas: SEÑÁ NICASIA, cuarenta y cinco años, sus labores; SEÑOR SIDONIO, cincuenta y dos años, zapatero remendón; SEÑOR MELANIO, cincuenta y cuatro años, casquero.

Decoración: tabuco[1] de una portería en una casa de vecindad de la calle del Salitre[2].

Es por la noche del día 31 de diciembre.

ESCENA PRIMERA

El SEÑOR SIDONIO acaba de ser acostado a puñaos en un mísero camastro por la SEÑÁ NICASIA, su costilla[3].

El buen zapatero ha salido de paseo y vuelve a casa con su habitual *violina*[4], que ha aumentado de tamaño por la solemnidad de las Pascuas que transcurren. A cada cosa lo suyo.

SEÑÁ NICASIA.—*(Desesperada, llorosa y recogiendo nerviosamente la ropa esparcida por el suelo.)* ¡Granuja, borracho, ladrón!... ¡So pregonao![5]... ¡Mal marido!

---

[1] *tabuco,* 'aposento pequeño o habitación estrecha'.
[2] Calle muy antigua, en el típico barrio madrileño de Lavapiés, que se denominó primero de San Bernardo, y con su nombre actual desde el siglo XVII, por la fábrica de salitre allí existente.
[3] *costilla,* 'esposa'.
[4] *violina,* 'borrachera'.
[5] *pregonao,* 'malo, dañino, peligroso'.

Señor Sidonio.—*(Con la voz balbuciente e indecisa del borracho.)* Oye, perla: a ver si no me vas a dar la murga, que no inauguro nada.

Señá Nicasia.—¡Maldita sea tu alma arrastrá, so pellejo!... ¿A ti te paece forma de volver un hombre a su casa, dando unos traspiés que un día te estrellas?

Señor Sidonio.—Que no sé qué acera me gusta más y vacilo. A cualquiera le ocurre.

Señá Nicasia.—Pero ¿y las eses que vienes haciendo, so pasmao?

Señor Sidonio.—¿También te vas a meter en la caligrafía?

Señá Nicasia.—¡Anda de ahí, viejo chulo! La culpa la tié mi cuerpo, que te aguanta las granujás que me estás haciendo... ¡Miá si no me hubiá muerto el día que te conocí! ¡Golfo, más que golfo!

Señor Sidonio.—Amos, no me maltrates, chacha [6], que, al fin y al cabo, eres mi costilla.

Señá Nicasia.—Pues eso es lo que me duele en el corazón, lo poco que me ha querido Dios. ¡Yo costilla tuya!... ¡Yo costilla de cerdo!... ¡Maldita sea!...

Señor Sidonio.—¡Que nos han echao las bendiciones, Nicasia!

Señá Nicasia.—¡Pos si no fuá por eso!... Te iba a aguantar a ti tu nodriza. ¡Miá si no te murieras.

Señor Sidonio.—Pero, señor, total, ¿qué hago yo pa que me pidas la pena de muerte?... Beberme una copa de tarde en tarde.

Señá Nicasia.—¡De tarde en tarde, y de noche en noche, y de mañana en mañana, que debías estar abrasao del maldito vinazo!

Señor Sidonio.—Todos los hombres soplamos, Nicasia.

Señá Nicasia.—Pero si tú no es que soplas, es que huracaneas [7].

---

[6] *chacha,* 'muchacha', en tono cariñoso.

[7] *huracanear,* 'soplar fuerte, beber mucho'. Verbo de nueva creación mediante el sufijo verbal *-ear* añadido al sustantivo *huracán.*

Señor Sidonio.—Créeme a mí, deleite: unos chinchón [8], otros cazalla [9], otros monóvar [10], cualo [11] valdepeñas [12], quién méntrida [13], nos diferenciaremos en el punto geográfico; pero, al remate, todos turcas [14].
Seña Nicasia.—¿Y por qué no imitas el ejemplo del señor Cosme, el marmolista?
Señor Sidonio.—Ese es pétreo.
Seña Nicasia.—Será lo que quieras, pero no lo cata.
Señor Sidonio.—¡Anda ésta!... ¡Pero si bebe más que yo!
Seña Nicasia.—Pues yo lo que veo es que vuelve a su casa más derecho que un huso.
Señor Sidonio.—*(Asombrado.)* ¡Derecho!
Seña Nicasia.—Sin torcerse lo más mínimo.
Señor Sidonio.—Le pondrán falsilla [15].
Seña Nicasia.—¡Falsilla!... Y a ti una cuerda en el pescuezo es lo que te debían de poner.
Señor Sidonio.—A mí, como no me colguen de tus brazos, no me colgan, reina de mi cuerpo. Eso, júralo. *(La seña Nicasia le mira indignada.)* Anda, ven aquí y imprímeme un ósculo [16], chacha.
Seña Nicasia.—Y la ha cogido cariñosa el muy arrastrao.
Señor Sidonio.—¡No te mereces que sea pa ti lo Abelardo y Eloisa que soy!
Seña Nicasia.—Pero si tú no quieres ni a la camisa que llevas puesta... a ratos.
Señor Sidonio.—¿Que no?

---

[8] *chinchón,* anís de Chinchón.
[9] *cazalla,* aguardiente de Cazalla.
[10] *monóvar,* vino de Monóvar.
[11] *cuálo,* masculino regresivo formado a partir de la forma vulgar femenina *cuala*.
[12] *valdepeñas,* vino de Valdepeñas.
[13] *méntrida, vid.* nota 2 a *Los neutrales.*
[14] *turca,* 'borracho'.
[15] *falsilla,* 'hoja de papel con líneas muy señaladas, que se pone debajo de otro en que se ha de escribir, para que aquéllas se transparenten y sirvan de guía'.
[16] *ósculo, vid.* nota 9 a *Los pobres.*

Señá Nicasia.— ¡Querer!... No digo yo querer, si me apreciaras un poco na más, cómo es posible que me dieras estos disgustos que me estás dando..., que el día menos pensao, de una corajina de éstas, me lleva Dios. *(Llora y registra el chaleco.)*
Señor Sidonio.—*(Muy afectado.)* Calla, Nicasia. No me hables de tu muerte, que me estoy viendo con la bandera a media asta y me pongo cardiaco de aflición.
Señá Nicasia.— ¡A media asta!... ¡Ojalá!
Señor Sidonio.—Nicasia, ¿qué dices?...
Señá Nicasia.—Bueno, menos pamplinas y a ver qué has hecho de las doce pesetas que llevabas en el bolsillo.
Señor Sidonio.— ¡Las doce pesetas!... *(Se tapa cabeza y todo, y luego, ahuecando las sábanas, asoma un poco las narices.)* ¿Tú sabes restar decimales, Nicasia?
Señá Nicasia.—Yo lo que sé es que de los bolsillos no te saco más que treinta céntimos.
Señor Sidonio.—Pues si tú, que eres el ministro de Hacienda del chaleco, no sacas más que eso, carcúlate lo que sacaría yo.
Señá Nicasia.—Bueno, ¿qué has hecho de las doce pesetas, Sidonio? ¡No me consumas la pacencia!
Señor Sidonio.—Nicasia, no te acalores. Yo te lo contaré todo. ¡Compromisos de los hombres!... Que uno no quiere quedar mal, ¿sabes, gloria?... Verás qué ondisea [17] más funesta. Figúrate que esta tarde salgo de paseo y, sin saber cómo, por una de esas cosas fatalistas que hay, ¡zas!, caigo en la taberna del Cervera. Entro sin darme cuenta, y, ¡plum!, el Califa y el Tirones, que estaban allí. Me ven, se sonríen y me mandan una circular con el medidor [18] diciéndome que juego al mus menos que un quinqué de petróleo. Aquello me picó el amor propio, y ya me conoces: a mí, cuando me pican, me matan. Total: que aceté, nos jugamos tres frascos de tintillo de Rueda [19], dos kilos de chuletas y una flor natural a seis

---
[17] Etimología popular por cruce entre *odisea* y *onda* del cual surge *ondisea.*
[18] *medidor*, 'que mide una cosa'.
[19] Lugar de la provincia de Valladolid, famoso por sus vinos.

juegos, y cuando estábamos en el bueno, me echaron un órdago a pares que fue mi ruina. ¡Les quise con medias de sotas y me sacaron cuatro reyes! ¡Tenían que jorobarme a mí los reyecitos!... Claro, como saben que soy conjuncionista... En epílogo, te haré la faztura. Seis del gasto, seis; una de puros de a quince escogidos, siete; dos que no me acuerdo, nueve, y el resto, que no sé dónde lo he echao, doce. Salvo error u omisión.

Seña Nicasia.—Pos no me sale la cuenta.

Señor Sidonio.—Lo mismo me ha pasao a mí, rica. Y eso que he venido haciendo unos balances que ni el Banco de España; pero hay días que me se ponen los números de una forma, que no doy ni con el diecisiete que es el de casa.

Seña Nicasia.—*(Fuera de sí.)* ¡Ladrón, más que ladrón! *(Le amenaza.)*

Señor Sidonio.—Oye, tú: no amagues, que me sobrecojo.

Seña Nicasia.—¡Golfo, borracho!... ¡Gastarse doce pesetas y no tener ni que cenar en una noche como ésta!...

Señor Sidonio.—Déjate, tonta; mañana cenamos dos veces.

Seña Nicasia.—Pos no, no te lo aguanto..., ¡canalla..., ladrón..., arrastrao! *(Golpes, bofetadas, puñetazos.)*

Señor Sidonio.—¡Nicasia, no abuses de mi impuznidá!

Seña Nicasia.—¡Asesino..., granuja! ¡Toma, toma y toma!... *(Cada «toma» es un metido horrible.)*

Señor Sidonio.—¡Socorro, que me muerde! *(Se levanta espantado en calzoncillos y se refugia debajo de una mesa.* La Nicasia, *hecha una fiera, rugiente, desgreñada, trémula de coraje, enarbola un garrote. En aquel momento aparece el* señor Melanio, *vecino, compadre de los contendientes y casquero de profesión.)*

ESCENA II

Señor Melanio.—¡Pero qué catacumba [20] habéis armao!... ¿Qué pasa aquí?
Señor Sidonio.—¿Qué quies que pase, hombre, qué quies que pase? *(Vuelve a acostarse.)*
Señá Nicasia.—Ese ladrón, que me va a matar a desgustos.
Señor Melanio.—Amos, Nicasia; cálmate y relata la ocurrencia.
Señá Nicasia.—*(Secamente.)* Yo no relato na.
Señor Melanio.—*(A Sidonio.)* Relata tú.
Señor Sidonio.—*(Mirando con ira a su mujer.)* Re... lata... ¡Y que lo digas!... ¡No se puede con estos carázteres, Melanio!
Señor Melanio.—Pero tú ¿qué haces en la cama?
Señor Sidonio.—Que me ha dao la jaqueca.
Señor Melanio.—¿Quién?
Señor Sidonio.—Mi media mandarina. *(Señala a Nicasia.)* Se ha empeñao en que he cogío una merluza y me la está friendo.
Señá Nicasia.—*(Llorando.)* ¡Cómo habrá venido de borracho, que me ha querido hasta besar!
Señor Melanio.—¡Qué bárbaro!... ¡Qué desvaríos!... Bueno; un día te va a dar a ti el *delirio tremen,* Sidonio. Que, cuando te calas [21], llegas hasta lo asurdo. ¡Miá que besarla!...
Señá Nicasia.—*(Vase llorando a otra habitación.)* ¡Maldita sea mi suerte!...

---

[20] *catacumba,* 'hecatombe', con error semántico que «se debe al recuerdo vago de la palabra que el hablante querría emplear, y que su infiel memoria le sustituye por otra, también culta, que sólo tiene un lejano parecido formal con la adecuada, y ninguna relación en cuanto al contenido» (M. Seco, *op. cit.,* página 153).
[21] *calarse,* 'emborracharse'.

Señor Melanio.—Y vamos a ver, Sidonio, ahora que no nos oye nadie: ¿por qué no aprovechas la época pa corregirte, hombre? Ya lo sabes, lo dice hasta el dicho: «Año nuevo, vida nueva.» Corrígete.
Señor Sidonio.—Amos, calla, guasón.
Señor Melanio.—Sidonio, que te hablo en serio. ¿Por qué no cambias ahora, que estamos a primero de año?
Señor Sidonio.—(*Sentándose en la cama.*) Pero ¿qué hago yo con cambiar, Melanio?... Si cambiase to lo demás, bueno. Pero ¿qué adelanto con cambiar yo solo? Mira: mañana mi mujer será tan vieja, tan chata y tan derrengá como de costumbre. La taberna estará en el mismo sitio: el vino será mejor, si cabe. Me seguirán fiando. Tú continuarás tan pelma como siempre. Tu sobrina vendrá a que le eche medias suelas, con ese cuerpo tan regordetillo que Dios le ha dao, capaz de hacer pecar, no digo yo a un santo, a un santo... ral. Susistirán el impuesto de inquilinato y la basura en las calles. El pueblo seguirá creyendo que aquí lo que faltan son políticos, y los políticos, que lo que falta es pueblo... Y lo peor es que los dos tendrán razón. Las susistencias estarán en las nubes, y los jornales, en el arroyo. La generación del noventa y ocho seguirá creyendo que es más ilustrada que la «Historia de Don Pirlimplín», que cada dos versos es una viñeta. Todos seguirán diciendo que esto está mal, y nadie procurará que esté mejor. El que trabaja servirá de irrisión al que no trabaja. Las mujeres continuarán cada vez más cortas por abajo y más largas por arriba... Cambio yo, ¿y qué?... Si yo cambio y no cambia to lo que me gusta y lo que me disgusta, seguiré siendo unos días malo y otros bueno, según me arrime a unas cosas u a otras. ¿Me explico, Melanio?
Señor Melanio.—Sidonio, eres el Chupenaguer [20] de la zapatería. Ahora, que mi ojetivo es que la pobre Nicasia no sufra contigo lo que sufre. Ese era mi consejo.
Señor Sidonio.—Pues cállate, que tóo se pue arreglar.

---

[20] Chupenaguer, Schopenhauer, etimología popular por cruce del nombre de este filósofo alemán con el término *chupar*.

Señor Melanio.—¿Cómo?

Señor Sidonio.—Entra y dile que, en mi deseo de complacerla, la voy a hacer un cincuenta por ciento de rebaja. ¿Cuántas curdas cojo al mes? ¿Cuatro?... Pues desde primero de año cogeré dos. Un sábado, sí, y otro, no.

Señor Melanio.—Hombre, es un arreglo. Se lo propondré.

Señor Sidonio.—Así la contento, y los sábados que tenga vacantes...

Señor Melanio.—¿Qué?

Señor Sidonio.—Arrima la oreja. *(En voz bajísima.)* Me voy a tu casa, y allí, los dos solitos..., ¿comprendes?... ¿Qué necesidaz tiene nadie de enterarse?

Señor Melanio.—*(Admirado.)* Sidonio, Salomón a tu lao, un Cienhigos.

Señor Sidonio.—Digamos que vamos a hacer, y hagamos como que hacemos..., ¿entiendes? Y si no podemos decir: «Año nuevo, vida nueva», digamos al menos: «Año nuevo, mentira nueva.»

TELÓN

Los pasionales

Paco el Metralla, un jovenzuelo de mediana estatura, enteco, amarillo, de mirada cínica, muy compuesto, con su traje flamante, sus botas de caña, su corbatita de nudo y su gorrilla inglesa, va con paso resuelto y marchoso Torrecilla del Leal abajo. A poco, atraviesa la calle de Zurita, tuerce por la de la Fe y viene a dar con la del Salitre, frente por frente a la iglesia de San Lorenzo, simpática parroquia enclavada en el riñón del Madrid castizo y jaranero [1].

Está anocheciendo. El chulillo detiénese en la última esquina. Sus miradas iracundas e inquisitivas se dirigen a un frontero obrador [2] de pancha, cuya luz ya se ha encendido, y en el que trabajan, sofocadas, alegres y dicharacheras, unas cuantas mocitas de garbo.

Paco pasa y repasa por delante del obrador, dejándose ver.

Al reparar en él se hace un enojoso silencio entre las bulliciosas muchachas, y una de ellas, la más desenvuelta y garbosa, dice con sincera acritud, sacando una plancha del anafre [3] y arrimándosela a la mejilla:

—Ya está ahí ese mosca [4].

---

[1] *jaranero,* 'divertido, bullicioso'.
[2] *obrador,* 'taller'.
[3] *anafre, vid.* nota 1 a *Los culpables.*
[4] *mosca,* 'hombre molesto e inoportuno'.

—Pos ahora verás —exclama la maestra, y cierra violentamente la puerta vidrera del obrador—. ¡Miá que es pelma el niño!... —añade iracunda—. Pero ¿qué se habrá creído ese chulo de baile?

Más excitado por el incidente, retorna el bullicio entre aquella alborotadora y femenina juventud, y la voz entonada y firme de una mocita destaca esta copla, llena de punzante ironía:

> Me he cansao de quererte,
> búscate otra,
> o aguarda a San Isidro
> si quieres *tontas*.

PACO, plantado en la esquina, calcula por la indirecta la hostilidad con que es recibido, y al terminar la copla tira con rabia la colilla contra el suelo, haciendo estallar en chispas la lumbre del cigarro, y masculla amenazador:

—¡Maldita sia...! ¡Pa que no vayas a la Casa de Socorro esta noche...! No tendría yo lacha[5]. Tú saldrás.

Pasea por la acera con paso desigual y nervioso; se estira la visera de la gorra, se zarandea el chaleco, se afirma el pantalón. Al fin, decidido a esperar, se recuesta en la esquina.

A poco, un nuevo personaje, GUMERSINDO, el Chulo de Postas, menos joven, pero peor encarado y más cínico que EL METRALLA, le pone la mano en el hombro cariñosamente.

GUMERSINDO.—¡Gachó, tú de puntalito![6]
PACO EL METRALLA.—*(Secamente.)* ¡Hola!
GUMERSINDO.—*(Mirando con guasa a lo alto.)* Oye; pero ¿es que amenaza ruina esta medianería?
PACO EL METRALLA.—*(Con ira.)* Lo que amenaza ruina es que esta noche no duermo yo en mi casa, Gumer.
GUMERSINDO.—¿Y eso lo das como novedá?

---

[5] *lacha*, 'vergüenza'. Es gitanismo.
[6] *puntalito*, diminutivo de *puntal: estar de puntal*, 'esperar de pie junto a una pared'.

PACO EL METRALLA.—Es que no se lo paso. ¡Mialas!... ¡Que la pincho, por mi salú!
GUMERSINDO.—Pero ¿quies cordinar, ninchi[7], a ver si te cojo el hilo?
PACO EL METRALLA.—Na, hombre...; la Nieves.
GUMERSINDO.—¿Qué t'ha hecho?
PACO EL METRALLA.—Una tontería... ¡Pa diez años de cárcel!
GUMERSINDO.—Es una niña de pronóstico. Te lo tengo advertido. En fin: vuelca el talego.
PACO EL METRALLA.—Verás qué rica. Pos na; que después de ocho meses de relaciones, que me ha tenío hecho una oveja, sacándola a paseos y cines cuando l'ha dao la gana y haciéndola el favor de llevarla a mi diestra; después de tenerme sacrificao, que me dice: «No mires a ninguna», y tengo que mirar de reojo; después que me compra una corbata y me la tengo que poner aunque no me guste..., ¡y encima (y esto es lo más horrible) que me he gastao con ella un dineral!...
GUMERSINDO.—¿Sobre cuánto?
PACO EL METRALLA.—Pos tóo lo que me ha dao en los ocho meses pa que se lo guardara y tres pesetas mías.
GUMERSINDO.—¡Qué bárbaro! ¡Estáis echando a perder a las mujeres!
PACO EL METRALLA.—Bueno; pos después de esa conduzta modelo (tóo por los cuatro cochinos duros semanales que gana, que me cuesta un triunfo sacárselos), la llevo el sábado al baile de Provisiones, porque me dijo que quería perfeccionarse en el *tuesten*[8], y porque al entrar me distraigo media hora en el guardarropa con la Piñones, va, se atufa[9], se mete en el salón y se me pone a bailar con el Petaca.
GUMERSINDO.—¡Arrea!... ¡Con lo postinoso que es ése pa las mujeres!

---

[7] *ninchi*, 'niño, muchacho'. «Es palabra típica de los chulos madrileños» (M. Seco, *op. cit.*, pág. 441).
[8] *tuesten*, 'clase de baile', del inglés *two-step*, por cruce con *tostar*.
[9] *atufarse*, 'disgustarse, enfadarse'.

Paco el Metralla.—¡Carcula!

Gumersindo.—Te sentaría peor que el escabeche pasao.

Paco el Metralla.—Como que la saqué a la calle y la pegué una bofetá que la salté un diente.

Gumersindo.—¡Y pue que lo tomara a mal!

Paco el Metralla.—¿Que si lo tomó?... Que me dijo que habíamos acabao.

Gumersindo.—¡Qué graciosas! Toas lo mismo. De seguida quien acabar..., y el hombre que ya tié arreglao sus gastos al jornal que le gana una mujer, que se chinche, ¿verdá?

Paco el Metralla.—Yo, de primeras, lo tomé por un dicho de esos de cuando les da coraje; pero, chiquillo, que nada..., que ha estao dos días dándome esquinazo sin venir a planchar; y el jueves pos vino acompañá de un tío municipal que tiene; que no me quise arrimar, porque yo con el Ayuntamiento no tengo valor pa nada.

Gumersindo.—Haces bien.

Paco el Metralla.—Y, por último, ayer, pa celebrar el santo de la maestra, se fueron de juergueo al Partidor, al ventorro del Cuevas.

Gumersindo.—Lo he sabido.

Paco el Metralla.—De que me lo noticiaron, voy y me encamino p'allí con Pepe el Rosca. Lleguemos..., ¡y no quias saber...! Miro y me la encuentro agarrá a un panoli, a la vera de un manubrio, y bailándose otro «tuesten».

Gumersindo.—¡Rediez, cuánto *tuesten*!

Paco el Metralla.—¿No es pa quemarse?

Gumersindo.—¡Pa tener hollín!

Paco el Metralla.—De que los guilé[10], me dio un vuelco el corazón, y me voy pa ellos, y metiéndoles así la mano por entre los dos pa detenerlos, le digo a él: «¿Me permite usted una vuelta con la socia?» «Pa Carnaval», me contesta el tío, y siguen girando.

Gumersindo.—¡Qué boceras!

---

[10] *guilar*, 'ver'.

Paco el Metralla.—Me quedé helao. Vuelven a pasar, secundo la petición, y me dice que me presente a concurso. Hasta que yo, harto de chuflas, me arranco a él de mala forma, y, dándole un manotazo en el hombro, le digo: «Pero ¿es que ha heredao usté a esta joven, pollo?» «Sí, señor; me la ha dejado un tío.» «Pues a mí me la va a dejar un primo»; y agarro del brazo a Nieves, y tiro de ella, y va él entonces, arrima su cara a la mía y me estornuda a un milímetro cuadrao de mis narices..., y... ¡chiquillo, qué bofetá!...

Gumersindo.—¿Le diste?

Paco el Metralla.—Viceversa.

Gumersindo.—¡Él a ti!...

Paco el Metralla.—Que me cogió la ación. Pero cómo me dejaría este carrillo de dormido, que hasta la quinta bofetá no se me empezó a desperezar.

Gumersindo.—¿Te sopló leña?

Paco el Metralla.—Sí; pero tú ya me has visto en pelea... ¡Me cegué, me fui pa él, metí mano, abrí la chaira [11], le tiré dos viajes...

Gumersindo.—¿Y qué?

Paco el Metralla.—Na, que le vi correr pa la Casa e Socorro y dije: «Le he matao»; pero luego me enteré que es hijo del conserje, y, como vive allí, iba por una estaca. Total: que si no me llevan, hay una desgracia.

Gumersindo.—¿En tu familia?

Paco el Metralla.—U en la suya. Y excuso decirte, Gumer, que desde que esa mujer me ha hecho esa ación indecorosa, yo no duermo...

Gumersindo.—¿No tiés dónde?

Paco el Metralla.—Ni vivo... ni como.

Gumersindo.—Lo creo.

Paco el Metralla.—Porque, claro, de repente te ves sin cariño...

Gumersindo.—Y sin veinte pesetas semanales. Si me ha pasao a mí la mar de veces.

---

[11] *chaira*, 'navaja'.

Paco el Metralla.—Por eso te digo; tú ¿qué harías en mi caso, Gumer? Aconséjame.

Gumersindo.—Hombre, la cosa es grave; porque, claro, tú no te vas a poner a trabajar ahora, a la edaz que tienes.

Paco el Metralla.—Ni lo sueñes. Voy a cumplir los veintitrés. La edad del aprovechen.

Gumersindo.—Por eso te digo que el asunto es complicao; pero, en fin, te voy a dar una leción que si me llaman a domicilio llevo cinco pesetas por ella.

Paco el Metralla.—Venga.

Gumersindo.—Pues atiende. La Nieves, con su proceder asqueroso, te holla dos cosas: te holla tu pundonor y te holla [12] el puchero.

Paco el Metralla.—Que son casi tres ollas.

Gumersindo.—Clavao. Por tanto, si quies quedar como un hombrito, la aguardas esta noche, y de que salga, la llamas y la planteas el problema en esta forma: «Apreciable nincha: U sigues las relaciones amorosas con un servidorito, u te doy dos tajos en el rostro. A escoger.» ¿Que te dice que sí? Pues, dominada ya por el miedo, haces cuenta que te has comprao una burra. ¿Que se emperra en que no? Pues tiras de navajita y la cortas la cara. Ni más ni menos.

Paco el Metralla.—*(Con cierto estupor.)* ¡Gachó! Pero ¿y si me llevan a la cárcel?

Gumersindo.—¡Amos, quita, manús! [13] Estás en primaria. Aquí me ties a mí, que he pedricao con el ejemplo. Por una cosa parecida a la tuya le di yo dos tajos a la Enriqueta.

Paco el Metralla.—Ya m'acuerdo.

Gumersindo.—¿Y qué me pasó?... Pues que, como era delito pasional, a los dos meses, asolvido.

Paco el Metralla.—Pero aquello fue la suerte que tú tienes.

---

[12] *hollar,* 'abatir, humillar'.
[13] *manús,* 'tonto'.

Gumersindo.—Y la de todos. Por un arrebato pasional le quitas el reló a un amigo, y es atenuante.
Paco el Metralla.—¿Estás seguro?
Gumersindo.—¿Cómo seguro? Acuérdate de lo mío.
Paco el Metralla.—Pero tú estuviste en la cárcel.
Gumersindo.—Porque se diztó indebidamente auto de prisión. El juez, que me atropelló con el *auto*.
Paco el Metralla.—Lo que pasa con tóos los «autos».
Gumersindo.—Pero, muchacho, se vio la vista causa, y como la seda. ¡Me tocó un Jurao...!
Paco el Metralla.—¿Bueno?
Gumersindo.—Ni escogido. El señor Pepe el Bocas, Quintín el Churrero; el señor Serapio el Orejas, Custodio el de la Leoncia, Valentín el Zapa... Tóos amigos.
Paco el Metralla.—Pero ¿cómo estaban allí esos tíos?
Gumersindo.—Sí, hombre; que a los caballeros les gusta que haiga Jurao, pero no quien ir, ¿sabes?, y cuando les toca, pos, pa no molestarse, delegan por las cinco pesetas en una colección de sustitutos, del comercio de esta corte, que vagan por las Salesas a lo que cae. Y, claro, yo, que me vi con la mar de conocidos en el Tribunal popular, compuesto en su mayoría de elemento vinatero, pues dije: «Sois míos», y alecionao por el defensor, a la primera pregunta del fiscal empecé a llorar a lágrima viva y a decir que los celos me habían puesto una venda sanguinolenta en los ojos; que la navaja me se había venido sola a la mano, y que al cometer el delito me pasó una cosa pasional por el cranio, que yo no sabía si estaba jugando a la brisca o dando puñalás.
Paco el Metralla.—¡Vaya un raspa! [14]
Gumersindo.—Y a tóo esto, yo, venga de sollozos, llamándole a la Enriqueta «ser querido», «arcángel de mi juventud», «primer amor de mi existencia»..., y dando convulsiones y diciéndole al relator que me hiciese el osequio de pegarme un tiro en la nuez, que yo no podía

---

[14] raspa, 'pillo'.

vivir después de haber atentao contra aquella mujer «amada y fraudulenta».

PACO EL METRALLA.—¡Chiquillo, es que tú también te usas unas frases...!

GUMERSINDO.—Hombre, la solenidá era pa ello. Resumen: que si ves el cuadro, la hincas. El público era un puro sollozo; los juraos hicieron charco de tanta lágrima, y el presidente del Tribunal yo creí que se arcidentaba. Gracias que empezó a roncar.

PACO EL METRALLA.—¿Se quedó dormido?

GUMERSINDO.—Como una rosca. Total: veredizto de inculpabilidaz, sentencia asolutoria, la Enriqueta lisiada pa toa su vida y yo con un cartelito entre las damas desde que salí de la cárcel, que aquí me tienes: vestido, calzao, fumao, comido, bebido, ecétera, ecétera... Porque dime tú: después de aquello, ¿qué desgraciada le niega a un servidor cinco duros, aunque tenga que sacárselos al Ayuntamiento?

PACO EL METRALLA.—¡Gachó, qué suerte!

GUMERSINDO.—Táztica y monocle. *(Señalándose el ojo derecho.)*

PACO EL METRALLA.—Eres el Hizdemburge del Sombrerete [15].

GUMERSINDO.—Me has tañao [16]. Por eso te digo, Paco, que sigas mis huellas con la Nieves. U te se somete con jornal y todo, u la pinchas; no seas primo.

PACO EL METRALLA.—Sí, estoy resuelto. Ties razón. *(Mirando hacia el obrador.)* Calla, que salen.

GUMERSINDO.—¡Camará, cuántas vienen!

PACO EL METRALLA.—La rodean las compañeras.

GUMERSINDO.—Que se han maliciao algo; pero no le hace. Llámala aparte y se lo dices. Conque salú y suerte, ninchi, que yo me voy. *(Vase calle abajo, huyendo de la quema.)*

PACO EL METRALLA.—*(Un poco pálido, acercándose al*

---

[15] *Vid.* nota 12 a *Los neutrales.*

[16] *tañar,* 'calar, comprender, conocer perfectamente las intenciones de una persona'.

grupo de muchachas que ha salido del obrador.) Nieves.
NIEVES.—Me llamo.
PACO EL METRALLA.—Haz el osequio de venir.
NIEVES.—No me dejan en casa.
PACO EL METRALLA.—Nieves, que estoy ciego.
NIEVES.—Cómprate un perro.
Las risas de las compañeras excitan a PACO, que coge a NIEVES de un brazo y la hace bajar violentamente de la acera, mientras, lívido y tembloroso, saca una navaja. Sin darle tiempo a abrirla, aquel enjambre de mocitas bravías cae sobre él y le desarman, le tiran al suelo y, con llaves, bolsos de mano y puños cerrados, le dan una paliza de órdago a la grande, y le dejan en tierra sangrando por boca y narices, entre la rechifla de la gente del barrio, enterada del suceso.

UN GUARDIA de Orden Público, que se acerca al escándalo, se lleva a pescozones al Metralla.

GUARDIA.—Echa p'alante, vividor de mujeres.
PACO EL METRALLA.—Guardia, que ha sido por celos... Que soy un pasional...
GUARDIA.—¡Cállate ya, so golfo! La culpa de lo que hacéis la tié el Jurao y na más que el Jurao. Que fuera yo el que sentenciara estas cosas, y ya veríais... ¡Os echaba cinco años de presidio por granujas y diez por pasionales!

TELÓN

La risa del pueblo

Pasadas las Ventas, en la carretera de Alcalá, antes de encontrar el camino del Este, sobre un altozano, hay una casa humilde, taller de cantería, donde se trabaja para el inmediato cementerio.

Es la tarde de un domingo. Los sillares yacen silenciosos al pie de los sombrajos [1]. No golpea sobre ellos con su son alegre el pico de los canteros. Unas cuantas gallinas escarban afanosas en el estiércol, y varios chiquillos juegan y alborotan, dejándose resbalar por la cuesta de un desmonte próximo.

A la izquierda, borroso por la niebla de la tarde fría y gris, se ve el cementerio, con su enorme vastedad erizada de cruces; y hacia la derecha, diseminados en la lejanía, los barrios de Doña Carlota, Pueblo Nuevo y Zafra; los caseríos míseros de La Elipa y Puente de Vallecas; y más lejos aún, los tejares del Olivar de Perales. Suburbios tristes, yermos, que circundan Madrid como mendigos que acosan a un viejo hidalgo.

BONIFACIO MENÉNDEZ, el maestro cantero, sentado a la puerta de la casa, echa un pitillo y lee un periódico. La SEÑÁ ANGUSTIAS, su mujer en serio, canturria trajinando dentro del hogar. PRIMITIVO y EL SARDINA, dos próceres del riñón del Avapiés, con pañuelos de luto al cuello y las

---

[1] *sombrajos:* 'Reparo o resguardo de ramas, mimbres, esteras, etcétera, para hacer sombra.'

cachabas colgadas del antebrazo, bajan lentos, tristes, silenciosos, del camino del cementerio. Al ver al Señor Bonifacio se detienen, y uno de ellos grita desde la carretera:

Primitivo.—Adiós, canterito.
Señor Bonifacio.—*(Dejando de leer y mirando por encima de las gafas.)* ¡Atiza, qué pareja de pollos! *(A su mujer.)* Atiende, tú.
Seña Angustias.—*(Que asoma a la puerta.)* ¡Virgen!... ¡Vaya un par de banderillas de lujo!...
Señor Bonifacio.—Pero ¿de dónde salís tan enlutaos?
El Sardina.—*(Muy serio.)* De la Negrópolis[2].
Primitivo.—Venimos de inumanizar[3] a Saturnino, el de la Bastiana.
Seña Angustias.—*(Asombrada.)* ¿S'ha muerto?
El Sardina.—Del todo. En cinco días. Ayer la diñó.
Señor Bonifacio.—¿Y qué ha sido?
Primitivo.—Pos un paralis local que le cogió to el cuerpo y parte de la cadera.
Seña Angustias.—¡Buena estará la pobre viuda!
El Sardina.—¡Carcúlate!... Una chica soltera, sin costumbre de estas cosas...; pues está que no la deja un ataque que no la coja otro.
Primitivo.—En la cama la hemos dejao con uno, que los gritos se oían en la Arganzuela.
Señor Bonifacio.—Pero pasar, si queréis, galanes.
El Sardina.—¿Dais algo?
Seña Angustias.—Las buenas tardes y un taburete.
Primitivo.—No es pa repartir invitaciones.

---

[2] *Negrópolis*, etimología popular, por cruce de *necrópolis* y *negro*.
[3] *inumanizar*, etimología popular, por cruce de *inhumar* y *humanizar*. «La etimología popular en general es utilizada por Arniches como recurso cómico, especialmente la externa, en la que se pueden poner en conexión objetos pertenecientes a esferas muy distintas, produciendo la comicidad por contraste.» (M. Seco, *op. cit.*, pág. 73.)

El Sardina.—¿No tendrías un buchito de cualisquier cosa pa un dolor de muelas que trae aquí mi cólega?
Señor Bonifacio.—¿Sus haría triple anís?
El Sardina.—¡Digo!... Mejor que el Polo [4].
Señor Bonifacio.—Pues adentro, pirandones [5].
El Sardina.—¡Hale, Primi!

Suben, se sientan; la Señá Angustias saca unas copas y un frasco de aguardiente, y la visita bebe, fuma y charla.

El Sardina.—*(Al señor Bonifacio.)* Y tú ¿por qué eres tan pigre [6] que no bajas por allá abajo de cuando en cuando?
Señor Bonifacio.—Hombre, no m'apaño a ir, la verdá. Le pilla a uno un destierro. ¡Tú sabes la distancia!
Primitivo.—Como que hay que echar merienda.
Señor Bonifacio.—¿Y qué hay de nuvotés [7] por aquellos andurriales?
El Sardina.—Pues que tu compadre el Pintao ya no tié la taberna en la cae del Amparo.
Señá Angustias.—¿La traspasó?
El Sardina.—De parte a parte. Por mil doscientas beatas [8] y un juego de alcoba bastante viejo.
Señor Bonifacio.—¿Y s'ha quedao sin na?
Primitivo.—¡Ca, hombre! Ahora ha puesto un bar en la Glorieta y lo ha titulao el Bar Quito..., que me creo que es un chiste.

---

[4] El elixir para los dientes denominado Licor del Polo.
[5] *pirandones,* 'juerguistas'.
[6] *pigre,* 'perezoso'.
[7] *nuvotés,* representación gráfica de la pronunciación de la palabra francesa *nouveauté,* en caso al que son aplicables las siguientes consideraciones: «El verdadero uso enfático popular del extranjerismo es aquel en que, excluida la pedantería, innecesario (aunque a veces se presente) el relieve fonético o morfológico [...], funciona como un sustituto gratuito de un término corriente cuya noción queda, con el cambio, alegremente revitalizada.» (M. Seco, *op. cit.,* pág. 220.)
[8] *beatas,* 'pesetas'.

SEÑÁ ANGUSTIAS.—¡Mi madre, qué tontería!
EL SARDINA.—Dice que, al mismo tiempo que rótulo, es retrúcano y s'hará popular.
SEÑOR BONIFACIO.—¿Sigue tan chirigotero?
PRIMITIVO.—¡Uf!... Es morirse de risa entrar en aquel establecimiento. Allí van el Verruga, Paco el Chalana, Sixto el Curial, Mariano el Pajero... ¡La jovialidaz de Embajadores!
EL SARDINA.—¡Los amos de la gracia!
SEÑÁ ANGUSTIAS.—¡Menudos peines! [9]
SEÑOR BONIFACIO.—Aquello será una función cómica.
PRIMITIVO.—Más que un teatro. Entras y te esgarras a reír.
EL SARDINA.—Hay días que nos tronzamos. Cuéntale, pa que vea, el chiste que se le ocurrió ayer al Chalana.
PRIMITIVO.—¡Chiquillo, nos revolquemos!
SEÑOR BONIFACIO.—A ver.
PRIMITIVO.—Pues nos preguntó que en qué se parecía San José a un melón de cuelga.
SEÑÁ ANGUSTIAS.—¡Mi madre, qué raro!
SEÑOR BONIFACIO.—*(Estupefacto.)* ¿Y en qué se parece?
PRIMITIVO.—*(Muerto de risa.)* ¡En que tiene Pepitas!
EL SARDINA.—*(Riendo a todo reír.)* ¡Pepitas!... ¡Ja, ja, ja!... ¡Fíjate!... ¡Pepitas!... Claro: San José... De Pepes, Pepitas.
SEÑOR BONIFACIO.—*(Dudando.)* Pos no m'acaba a mí de hacer una gracia loca, la verdá.
SEÑÁ ANGUSTIAS.—¿Loca?... Ni atontolinada siquiera. Menuda gansá. Amos, que paece mentira que padres de familia, cargaos de miseria y de hijos, se entretengan en esas tontunas.
EL SARDINA.—Pos poquito que nos reímos.
PRIMITIVO.—Y pue que lo de anoche tampoco os haga gracia.
SEÑOR BONIFACIO.—¿Qué fue?

---

[9] *peine*, 'persona taimada, que no es de fiar'.

Primitivo.—Na, que como enfrente del bar la calle hace mucha cuesta y la acera es estrechita, fue el Verruga, y a la plancha del alcantarillao, que es de plomo, la dio de jaboncillo, y no pasaba un transeúnte que no se diese una costalada.

El Sardina.—Y no sus quiero decir ca talegazo la juerga que s'armaba en el bar.

Señor Bonifacio.—Pero ¡qué cachos de brutos!

Primitivo.—¡Brutos, porque nos divertimos!...

Seña Angustias.—¡Valiente diversión!

El Sardina.—No vamos a ser como vosotros, que yo no sé si de hacer lápidas u qué, sois una familia más triste que un responso.

Primitivo.—Tenéis una formalidaz que acongoja.

Seña Angustias.—¿Pos qué querías: mirarnos por detrás y encontrarte con un chascarrillo, como en las hojas d'almanaque?

El Sardina.—Yo a ti, que eres de Cadalso de los Vidrios, hija de un cochero de funeraria, hermana de un calavera, y que encima te llamas Angustias, no te voy a pedir que seas un parque de recreos. Pero éste... ¡Amos, que paece mentira c'ahiga nacido en el Portillo de Embajadores, que es la cuna del chirigoteo madrileñista!

Primitivo.—No paeces hijo de Madrid, Bonifacio.

Señor Bonifacio.—¡Alto allá! ¡Yo soy más hijo de Madrid que vosotros!

El Sardina.—No chilles, que te se va a espantar el macho.

Señor Bonifacio.—Y na más. ¡Y las cosas, con pruebas, que es lo que vale!

Primitivo.—Pero ¡si tú eres más serio que una corbata negra!...

Señor Bonifacio.—Yo soy como me sale del bolsillo. Lo que tiene es que ca uno vive según los prencipios que l'han dao. Vosotros, ¿en qué sus habéis divertido siempre? Pues yo te lo diré. De chicos, en iros por las mañanas con los tiradores a matar pájaros a la Moncloa; por las tardes, a la pedrea, y por las noches, con las estacas, a perseguir gatos por el barrio. Total: a disfrutar haciendo daño. Luego, de mocitos, a correr de calle en calle atormentando a *Garibaldi*[10] u a cualisquiera vieja borracha; a tocarles la chepa a los jorobaos y a burlaros de los cojos. A gozar con el dolor del prójimo.

EL SARDINA.—Hombre, ésas son cosas de la juventud.

SEÑÁ ANGUSTIAS.—Cosas de cafres... Si tuviás tú un hijo con joroba, ¿te gustaría que se rieran de él? ¿No te morirías de pena? Pues ca vez que veas a un lisiao, piensa que te está oyendo su madre.

PRIMITIVO.—Amos, Angustias, no te pongas macabra.

SEÑÁ ANGUSTIAS.—¡Oye: eso de macabra se lo dices a tu suegra!

PRIMITIVO.—¡No es ningún insulto, señor!

SEÑÁ ANGUSTIAS.—Por si acaso.

SEÑOR BONIFACIO.—Y luego, ya de hombres, ¿a qué le llamáis vosotros diversión? Pos a ver destripar caballos en los toros; a marcharse en patrulla armando bronca por los bailes de los merenderos; a acosar por las calles a mujeres indefensas con pellizcos y gorrinerías; a escandalizar en los cines y a insultar a las cupletistas. ¿Y eso es alegría, y eso es chirigota, y eso es gracia?... Eso es barbarismo, animalismo y bestialismo. Y hasta que los hijos del pueblo madrileño no dejen de tomar a diversión todo lo que sea el mal de otro..., hasta que la gente no se divierta con el dolor de los demás, sino con la alegría suya..., la risa del pueblo será una cosa repugnante y despreciable. Bonifacio Menéndez, ris, ras, rubricao.

SEÑÁ ANGUSTIAS.—Chócate, Boni, que has estao super.

PRIMITIVO.—Bueno, bueno... (*Él y* EL SARDINA *se levantan.*) Esta Cuaresma te vas a las Carboneras[11], te po-

---

[10] Personaje vagabundo y estrafalario que erraba por las calles de Madrid en los primeros años del siglo.

[11] Monjas jerónimas de la iglesia y convento del Corpus Christi, en la plaza del Conde de Miranda, en Madrid. El nombre de Carboneras, con que son denominadas muy frecuentemente, arranca de una tradición, con fondo histórico, del siglo XVII, según la cual cuando unos niños estaban jugando con un lienzo

nes un bonete, te encaramas al púlpito, y el padre Calpena [12] es un gorrión a tu lao.

Señor Bonifacio.—Pero ¿es que no os he convencido?...

El Sardina.—¡Qué nos vas a convencer!... Lo que tiene es que yo no te desenvuelvo ahora mismo dos teorías pa pelarte al rape, porque nos están esperando, que si no...

Primitivo.—Es verdá, chiquillo; no m'acordaba. *(Mirando el reloj.)* Anda, que son las cuatro y media.

Señor Bonifacio.—Pero ¿ande vais tan corriendo?

El Sardina.—Al solar de Vítor el Mengue, que ha organizao unas carreras de cojos que va a ser morirse de risa.

Señor Bonifacio.—*(Con asombro.)* ¡Carreras de cojos!...

Primitivo.—Na, que ha comprometío al cojo Tranca, a Natalio el Patapalo y a dos u tres cojos más, y hacen carreras pa batir el recor de las dos vueltas con muletas y sin ellas. El premio son doce docenas de pájaros fritos y seis frascos de morapio [13] que sufraga Indalecio el de la Corrala.

El Sardina.—¿Por qué no te vienes?... Verás qué risa.

Señor Bonifacio.—*(Sonriendo.)* Hombre, mira: ves, eso tiene gracia... ¡Carreras de cojos!... Y dices que pájaros fritos... *(Vacila.)*

Primitivo.—Tira p'alante. Verás qué tarde pasamos. *(Se levanta.)*

Señor Bonifacio.—Oye, Angustias, mira: yo voy a acercarme con éstos... No tardo.

---

encontrado en una carbonería alguien acertó a pasar, miró el lienzo y observó que el mismo representaba a la Inmaculada Concepción. Llevado el lienzo en solemne procesión a la iglesia antecitada, se empezó desde entonces a llamar «carboneras» a las monjas del convento.

[12] El padre Luis Calpena y Ávila (1860-1921), orador sagrado famosísimo en su tiempo.

[13] *morapio*, 'vino tinto'.

Señá Angustias.—Pero ¿serás capaz de ir?... ¡Tú a divertirte con unos desgraciaos!... Pero ¡no estabas diciendo que si el salvajismo, que si...!

Señor Bonifacio.—Mujer, uno conoce las cosas... Pero, después de tóo, ¿qué culpa tengo yo de que haiga cojos ni de que me gusten los pájaros fritos?... Es el fatalismo humano. Siéntate, que no tardo.

Los tres hombres se alejan riendo. Por el desgarrón de una nube morada brilla un rayo de sol que inunda el lejano cementerio de luz amarilla. La mujer ve alejarse a los hombres, que ríen, y se dibuja en sus labios una sonrisa extraña.

Señá Angustias. *(Sentándose a la puerta de su casa.)* ¡Qué hombres!... Será que la vida es así. ¡Conoce uno que no se debe de reír del mal de otro, y como si no...! *(Encogiéndose de hombros.)* Bueno.

TELÓN

La pareja científica

[CUADRO PRIMERO]

Personas

El Peque Rata [1], golfillo [2], harapiento, peludo, roñoso [3]; trece años.
Mínguez, guardia de Orden público; cincuenta años.
Requena, ídem, ídem; cincuenta y cuatro años.
La acción en Madrid. Época: la Nochebuena.
Noche de niebla, noche triste, de frío entumecedor.

Decoración

Recibimiento destartalado en una Comisaría. Poca luz. Son las dos de la madrugada.
El guardia Requena, sentado en un banco y envuelto en su capota, dormita junto a una estufa medio apagada.
A poco entra Mínguez, guardia también.

Mínguez.—Adiós, Requena.
Requena.—Adiós, Mínguez.

---

[1] *rata*, 'ratero, ladrón que hurta con maña y cautela cosas de poco valor'.
[2] *golfillo*, 'pilluelo vagabundo'.
[3] *roñoso*, 'sucio'.

MÍNGUEZ.—¿Descabezando un sueñecito?
REQUENA.—A ver. *(Se despereza.)* ¿Qué noche hace por ahí afuera?
MÍNGUEZ.—Un frío que te corta. Aquí no se está mal.
REQUENA.—Siéntate. (MÍNGUEZ *se sienta.*) ¿De dónde vienes?
MÍNGUEZ.—De casa de mi sobrino Hilario, de llevarle el oficio con la baja.
REQUENA.—Pero oye, ¿es verdad lo que dicen, que se ha ido del Cuerpo?
MÍNGUEZ.—¡Toma... y muy bien que ha hecho! Aquí no hay porvenir, Requena.
REQUENA.—Y que lo digas.
MÍNGUEZ.—Él, que es joven y tié [4] su aquel de ser alguna cosa en este mundo, pues que vole [5].
REQUENA.—¿Y qué va hacer ahora?
MÍNGUEZ.—Se está preparando pa [6] Penales. Siempre le ha tirao [7] tóo [8] lo de letra. Ya le conoces.
REQUENA.—¿Y estudia mucho?
MÍNGUEZ.—Muchismo... [9] ¡Chiquillo, y unas cosas que, vamos, por lo que s'ha explicao [10], los adelantos de hoy en día son que te pasman! [11].
REQUENA.—¿Pues?
MÍNGUEZ.—Mira; me ha dicho que está estudiando

---

[4] *tié,* 'tiene'. La pérdida de la consonante -*n*- intervocálica, y la posterior simplificación del hiato *ee* es muy frecuente en el uso del verbo *tener.* Propio de la lengua vulgar.

[5] *vole,* 'vuele'. Uso deliberadamente incorrecto, como si la forma verbal fuese regular, por una intención humorística.

[6] *pa,* 'para'. Apócope en el habla vulgar de la última sílaba.

[7] *tirao,* pérdida de la consonante dental fricativa sonora intervocálica -*d*-, frecuentísima en la terminación *ado* de los participios de la primera conjugación. Fenómeno éste general de la lengua hablada no sólo popular sino media.

[8] *tóo,* cfr. nota 7.

[9] *muchismo,* por pérdida de la vocal postónica *i.* Vulgarismo.

[10] *s'ha explicado.* Caso de elisión. Para la pérdida de la -*d*- vid. nota 7.

[11] *pasmar,* 'ocasionar o causar suspensión o pérdida de los sentidos y del movimiento'.

un libro que es una cencia [12] nueva que ha salido ahora, ¿sabes?, que le dicen... aguarda que me recuerde... La... la... *Entropometía* [13], o una cosa así; pero no me hagas caso.

REQUENA.—¿Y de qué dimana [14] eso?

MÍNGUEZ.—Pues es un Tratao [15], ¿sabes?, que lo lees, y después que lo estudias, coges a un endeviduo [16] cualesquiera [17] y náa [18] más que le tientes la cabeza y le mires las narices conoces si es creminal [19] u [20] no es creminal.

REQUENA.—*(Con asombro.)* ¡Por las narices!

MÍNGUEZ.—Por las narices.

REQUENA.—*(Sonríe incrédulo.)* Oye, Mínguez, chuflitas [21] no.

MÍNGUEZ.—¡Cómo chuflitas!... Más verdá [22] que el gallo [23]. Y es más; dice mi sobrino que él agarra un

---

[12] *cencia,* en lugar de ciencia, por un proceso disimilatorio y, también, por influjo analógico del sufijo *-encia-* de otros sustantivos.

[13] Cruce de *Antropometría* con '*entrometía*', con clara intención caricaturesca.

[14] *dimana,* 'trata'.

[15] *tratao, vid.* nota 7.

[16] *endeviduo,* 'individuo', dos disimilaciones ayudadas, en el caso de la primera sílaba, por la confusión de prefijo, y en ambas por tratarse de sílabas átonas.

[17] *cualesquiera,* con valor de número singular. Se trata de un cultismo usado impropiamente.

[18] *náa,* cfr. nota 7.

[19] *creminal,* disimilación de la vocal *i* de la sílaba inicial.

[20] *u,* este uso de *u* en el caso en que se debiera emplear *o* es muy frecuente en los personajes madrileños de Arniches, de modo especial en los que corresponden a las primeras obras.

[21] *chuflitas,* 'dicho o palabra de zumba o chanza'. Nótese el valor irónico del diminutivo.

[22] *verdá,* pérdida de la consonante dental fricativa sonora final *-d,* característica de extensas zonas de la Península, entre ellas Madrid, y que es una de las soluciones dadas, fonéticamente, al problema de la pronunciación de la *-d* final.

[23] *más verdad que el gallo,* 'afirmación de la exactitud de aquello que decimos o hacemos' (Ramón Caballero: *Diccionario de modismos,* 1899).

ladrón, le toma la medida de oreja a oreja y te dice lo que va a robar pasao [24] mañana.

REQUENA.— ¡Atiza!... Tú la traes de Cazalla [25], Mínguez.

MÍNGUEZ.—¿De Cazalla?... Yo vengo más sereno que si trajera chuzo. Son cosas que no fallan, Requena, y cualisquiera [26] que se haya empapao [27] de esa cencia te tienta la frente y te conoce lo que eres.

REQUENA.—¿A los solteros también?

MÍNGUEZ.—A todos. Que tienes la bóveda frontal pa fuera, ladrón; que la tiés [28] pa dentro, falsificador. Ojos hundidos, asesino; belfo [29] colgante, instintos feroces. Pómulos salientes, creminalidaz [30] innata. Total, que te miran una uña y es como si te leyeran la cédula.

REQUENA.—Gachó [31], pues si es verdá [32] eso, mete miedo.

MÍNGUEZ.—Y hay más.

REQUENA.—¿Más?

MÍNGUEZ.—Agarramos nosotros a un creminal [33], un supongamos...

REQUENA.—Que es mucho suponer.

MÍNGUEZ.—No es más que pa ejemplo. Pues en seguida va mi sobrino, le pringa [34] el dedo gordo con polvo

---

[24] *pasao*, vid. nota 7.

[25] *cazalla*, caso frecuentísimo de metonimia, por el cual se indica el lugar de que procede el licor en vez de éste.

[26] *cualisquiera*, nótese, además del uso impropio del cultismo, la presencia de la *i* que corresponde a una pronunciación rústica.

[27] *empapao*, vid. nota 7.

[28] *tiés*, vid. nota 7.

[29] *belfo*, 'labio inferior más grueso'.

[30] *creminalidaz*, disimilación de la vocal *i* de la primera sílaba, y ensordecimiento de la *-d* final, error este último frecuente en algunas zonas castellanas.

[31] *gachó*, variante de *gaché* (voz gitana): 'hombre en general'. En el lenguaje popular madrileño se usa frecuentemente como exclamación admirativa o de sorpresa.

[32] *verdá*, vid. nota 22.

[33] *creminal*, vid. nota 30.

[34] *pringa*, 'ensucia'.

de imprenta, le hace que deje la señal marcada en un papel y ya le pues [35] dejar que te [36] se escape. Se marcha a Rusia y lo traen.

REQUENA.—¿Que lo traen por la señal de los dedos?... ¡Naranjas!

MÍNGUEZ.—¿Que no?

REQUENA.—Ca [37], hombre. Cuando te se escapa un creminal, la señal que te hace con los dedos es feísima... ¡La sabré yo, que siempre me han hecho la misma!...

(Suena un timbre.)

MÍNGUEZ.—El Comisario.

REQUENA.—Entra a ver.

(MÍNGUEZ *entra en el despacho de su jefe. A poco, sale con gesto de contrariedad.)*

MÍNGUEZ.—¡Arrea! [38]

REQUENA.—¿Qué pasa?

MÍNGUEZ.—Náa, un guaja [39] que hay en el calabozo que tenemos que llevarlo de quincena [40].

REQUENA.—Pues sí que es un numerito [41] pa como está la noche.

MÍNGUEZ.—Y qué remedio. Toma el oficio. *(Le da un sobre grande.)* Voy por él.

(Coge una llave, sale y regresa a poco, precedido del PEQUE RATA.)

PEQUE.—¿Voy al Juzgao? [42]

REQUENA.—Más lejos.

---

[35] *pues, vid.* notas 4 y 7.

[36] *te se*, nótese la ordenación incorrecta de los pronombres, por vicio corriente en el habla vulgar.

[37] *ca*, interjección que tiene el sentido del adverbio oracional de negación *no*.

[38] *¡Arrea!*, imperativo del verbo *arrear*, 'darse prisa'; aquí con valor de interjección.

[39] *guaja*, 'pillo, tunante, granuja'.

[40] *quincena*, 'detención gubernativa durante quince días'.

[41] *numerito*, con sentido irónico, intensificado por el diminutivo, que proviene de *número* como 'cada una de las partes, actos o ejercicios del programa de un espectáculo u otra función destinada al público'.

[42] *Juzgao, vid.* nota 7.

Mínguez.—Echa pa alante [43].

(*Salen a la calle. Los guardias se levantan los cuellos de las capotas. El golfillo, descalzo, sin camisa, mal envuelto en una enorme chaqueta, con las manos cobijadas entre los andrajos del pantalón, camina delante de la pareja, encorvado, aterido, silencioso. Atraviesan calles y más calles. Llegan al fin a la de la Princesa.*

Los guardias siguen obsesionados en su conversación anterior.)

Mínguez.—¿De forma que tú no crees en esa cencia pa conocer creminales?

Requena.—Natural que no; ¡ni que fuera de pueblo!

Mínguez.—¿Quieres que hagamos el experimento con este golfo, pa que te convenzas?

Requena.—Bueno. Hazlo, y verás cómo no sacamos náa en claro.

Mínguez. (*Al* Peque.) Oye, chico.

Peque.—¿Qué quié [44] usté? [45]

Mínguez.—Ven aquí.

(*Le llevan debajo de una farola.* Mínguez *le ataraza* [46] *por el pescuezo.*)

Peque.—(*Aterrado.*) Pero, ¿qué me van ustés [47] a hacer?

Mínguez.—A esaminarte la creminalidaz. Saca la mandíbula.

Peque.—Que yo no tengo eso, guardia.

Requena.—No te apures, hombre, que es un examen náa más.

(*Le empiezan a tantear la cabeza.*)

Peque.—¿Qué me buscan ustés?

Mínguez.—Calla. ¿Tú, a qué te dedicas?

Peque.—Al afano [48].

---

[43] *pa alante, vid.* notas 6 y 7.
[44] *quié, vid.* nota 6.
[45] *usté, vid.* nota 22.
[46] *ataraza*, 'agarra', significado no incluido en el Diccionario de la Academia de la Lengua.
[47] *ustés, vid.* nota 22.
[48] *afano*, 'hurto'. Postverbal de *afanar*, 'hurtar'.

Mínguez.—¿Lo ves? Tiéntale: ocipucio [49] abultao [50].
Requena.—Ya lo veo.
Mínguez.—¿Qué has robao [51] hoy?
Peque.—Un impremeable [52].
Mínguez.—Fíjate en el temporal.
Requena.—Saliente.
Mínguez.—Ahí lo tienes. Y ahora repara en las narices.
Peque.—Lo de las narices es de un puñetazo que me dio el amo del comercio cuando me agarraron.
Mínguez.—No me refiero a la inflamación, sino a la estruztura [53]. Este chico es un ejemplar, Requena. Y míreslo por donde lo mires se ve la creminalidaz nativa.
Requena.—Bueno, pero aguárdate que le investiguemos de palabra, que yo no me conformo.
Mínguez.—Verás cómo no falla.
Requena.—¿Tú, cómo te llamas, chico?
Peque.—El Peque Rata.
Mínguez.—¿Tienes madre?
Peque.—Sí, señor, y no, señor. Digo que sí porque la tengo y digo que no porque es como si no la tuviese.
Mínguez.—¿Está en la cárcel?
Peque.—Sí, señor.
Requena.—¿Dónde vivíais antes?
Peque.—Pa hacia la Elipa [54], en el tejar de Canales, que mi madre cocía ladrillo; pero aluego [55] se ajuntó [56] con uno que le dicen el *Ché de Valencia,* que robó con

---

[49] *ocipucio,* por occipucio; simplificación, en la pronunciación vulgar, del grupo culto -cc-.
[50] *abultao, vid.* nota 7.
[51] *robao, vid.* nota 7.
[52] *impremeable,* caso de metátesis de la *r,* por influjo del prefijo *pre.*
[53] *estruztura,* con deformación vulgar del grupo *ct.*
[54] *La Elipa,* suburbio del Madrid de entonces, situado a la derecha de la carretera de Aragón, hoy calle de Alcalá.
[55] *aluego,* forma rústica por *luego.* Se trata de un caso de prótesis.
[56] *ajuntó,* arcaísmo conservado en la lengua rústica y vulgar.

dos más en un hotel de las Ventas y a mi madre la complicaron, se fue a *chironi*[57] y me quedé solo.

Mínguez.—¿Y tu padre?

Peque.—Le conozco de vista, pero no le trato.

Requena.—¿Y no tienes a nadie más?

Peque.—Tengo una tía que es lavandera, que le dicen *la Manchega,* que vive orilla del río, pero son cinco bocas y no tié más que tres lavaos y cuando fui y le dije que si me podía dar algo, fue y me dijo: «A ver qué te voy a dar con esta miseria. Cuando tengas sed, bájate por aquí.»

Requena.—¿A ti no te habían puesto a oficio?

Peque.—Ése, que creo que es mi padre, habló pa que me tomaran de aprendiz en una ebanistería de la cae[58] Hermosilla y me tomaron; pero como no tenía cuido de nadie, bajaba al taller con una ropa que me se[59] veían las carnes. Hasta que un día me dijo el maestro: «Si vienes con esa ropita, pues más me enseñas tú a mí que te pueda yo enseñar». Y era verdá, que como voy pa grande había veces que la maestra me tenía que dar los recaos[60] de espaldas. Y por eso me *aliviaron*[61].

Requena.—¿Y qué hiciste?

Peque.—Me eché con otros a piravear[62] por los mercaos. Y algunas veces hago maletas en el Mediodía, porque en el Norte está el *Chulo Molla,* que no deja a ninguno que viva.

---

[57] *chironi,* 'cárcel'. Cambio de la terminación *a* por *i,* de carácter chulesco.
[58] *cae,* 'calle'. Esta forma supone un proceso de yeísmo *(calle, caye, cae),* con pérdida de la consonante intervocálica ayudada por la posición *cuasi* átona de la palabra *(cae Hermosilla).*
[59] *me se, vid.* nota 36.
[60] *recaos, vid.* nota 7.
[61] *aliviaron,* 'echaron'.
[62] *piravear,* cabe la posibilidad de que signifique: 1, 'andar rondando' (de *pirar,* 'caminar, pasear'); 2, 'colaborar con otros' (de *pirabar,* 'cooperar, colaborar'); 3, 'hurtar' (de *piro,* 'sustracción de un objeto', *dar el piro,* 'sustraer la bolsa'). Cfr. L. Besses: *Diccionario de Argot español.* Barcelona, 1906, y R. Salillas: *El delincuente español.*

Mínguez.—¿Y dónde duermes?
Peque.—Antes dormía en *el asador.*
Requena.—¿Qué es eso?
Peque.—Las rejas del Teatro Real, que sale calefacción y se está tan ricamente, pero vino el *Mellao* [63] con una carta de recomendación pal [64] sereno y me echaron a mí. Que uno no tié influencia. Y salí de naja [65] pa los desmontes del Oservatorio [66] y allí voy a *la rosca* [67] con diez u doce.
Requena.—¿Y tú por qué robas?
Peque.—Hay que vivir. Pero ya ve usted, lo de hoy me ha pasao por primo. El que se mete a bueno, la paga.
Mínguez.—¿Qué te ha pasao?
Peque.—Pues náa, que anoche se nos coló en la cueva un chino de esos que hacen cosas con papeles de colores, que no nos ha dejao dormir en toa [68] la noche de lo que ha tosido. Y esta mañana se quejaba y no se podía levantar, y tóos han dicho «éste se muere» y han arreao [69]. Y a mí me hacía señas de que no me marchara y me ha explicao [70] que tenía hambre, y claro, uno, pos [71] no va a dejar que se muera una presona [72] aunque sea extranjera; y me eché por ahí y dije: Yo voy a ver si doy *un tirón* [73] y le llevo algo al chino ése. Pero m'han *apiolao* [74] y ahora a la *trena* [75]. ¡Pobre chino! ¡Qué se pensará de mí! ...

---

[63] *Mellao, vid.* nota 7.
[64] *pal,* contracción popular de la preposición *para* y el artículo *el.*
[65] *salir de naja,* marcharse precipitadamente.
[66] *Oservatorio,* simplificación del grupo consonántico culto *-bs-.*
[67] *voy a la rosca, hacer la rosca,* 'echarse a dormir en cualquier parte, aunque sea con incomodidad'.
[68] *toa, vid.* nota 7.
[69] *arrear,* 'ir, caminar de prisa'. *Vid.* nota 38.
[70] *explicao, vid.* nota 7.
[71] *pos,* forma popular, por *pues.*
[72] *presona,* metátesis de la *r,* por influjo del prefijo *pre.*
[73] *tirón,* 'hurto'.
[74] *apiolar,* 'prender'.
[75] *trena,* 'cárcel'.

Requena.—(*A* Mínguez.) ¿Estás viendo cómo no hay tal creminalidaz nativa, so buche? [76]

Mínguez.—Entonces, ¿por qué roba este golfo, por qué es reincidente, vamos a ver?

Requena.—Pues porque el que no puede ganarlo, o no le han enseñao a que se lo gane, cuando tiene gazuza [77] y ve un panecillo tira con él... tenga las narices como las tenga.

Mínguez.—De forma que la cencia de mi sobrino...

Requena.—Lombarda cocida.

Mínguez.—¿Entonces tú crees que el Tratao?...

Requena.—Cuando se tiene hambre, el tratao... Debe ser el panadero, querido Mínguez. Tóo lo demás, pamplinas.

Peque.—(*Balanceándose nerviosamente y castañeteando los dientes.*) ¿Quién ustés que andemos?

Requena.—¿Qué te pasa?

Peque.—Que no me tengo de frío, guardias. ¡Estoy helao!

Requena.—¡Pobre criatura!... ¡Maldita sea!

(*En aquel momento, de una calle próxima sale un grupo de gente bullanguera haciendo sonar zambombas, latas y almireces. La voz fuerte y desgarrada de una moza entona un villancico en el silencio de la calle desierta.*)

Los pastores en Belén
todos juntos van por leña,
para calentar al Niño
que nació la Nochebuena.

(*Los guardias y el golfo reanudan silenciosos su marcha. Y al fin, camino de la cárcel, se pierden a lo lejos, en la niebla espesa y fría, como si alguien quisiera borrar de la noche solemne aquellas grotescas siluetas.*)

---

[76] *buche*, 'borrico recién nacido y mientras mama'. Aquí está usado como insulto atenuado.
[77] *gazuza*, 'hambre'.

Sigue escuchándose muy lejana la algarabía del grupo bullanguero que canta:

    Ande, ande, ande,
la Marimorena.
Ande, ande, ande,
que es la Nochebuena.

TELÓN

CUADRO SEGUNDO

Decoración

Las páginas altas, tersas y brillantes de este noble periódico [78].

Aparece el autor un poco receloso, un poco desconfiado y dice: «Señoras y señores: El que escribe estas líneas humildes, estrena de vez en cuando en los teatros madrileños unos modestos sainetes que han merecido en ocasiones repetidas vuestra benévola sanción.
Para no perder el contacto con esas gentes pícaras y jaraneras, alegres y resignadas, que intenta dibujar, llega a menudo hasta sus barrios míseros, se asoma a sus casas hediondas y conoce toda la tragedia, que aderezada con el donaire y la camándula [79], soporta este simpático, este pintoresco pueblo madrileño.
Por eso alguna que otra vez, quiere exponer a vuestra atención, burla burlando, estos cuadros tristes, pavorosos, amenazadores, lamentables, como el precedente.
¡Los golfos!... ¿No sentís dolor, inquietud, remordimiento, ante estas míseras criaturas hambrientas, ante esta simiente de criminalidad que puede fructificar en el abandono?
Ya sé que sois caritativos, señoras y señores, pero —perdonadme— vuestra caridad no está bien ejercida o es insuficiente mientras haya criaturas que en las no-

---

[78] Se refiere a *Blanco y Negro,* la revista donde apareció primero este sainete, fundada por don Torcuato Luca de Tena en 1891.
[79] *camándula,* 'hipocresía, astucia, trastienda'.

ches de invierno duerman en los quicios de las puertas o en las oquedades de los desmontes.

Las plazas de los asilos que sostenéis son para los hijos o los sobrinos de las cocineras, de las planchadoras, de los servidores y paniaguados, en fin, de esos mil funcionarios que forman la trama burocrática que rodea a la beneficencia oficial. A los verdaderos desvalidos no les alcanza nada.

Yo pido para ellos; para esos golfos peludos, roñosos, grotescos, famélicos, abandonados, sin hogar, sin parientes, sin nadie... Para esos míseros chiquillos que a la salida de los teatros y de los bailes corretean alrededor de vuestros carruajes entre la niebla de las noches crudísimas de invierno, voceando —para avisar a *chauffers* y cocheros— vuestros nombres gloriosos, llenos de prestigio, de poder, de opulencia...

«Alba»... «Medinaceli»... «Arión»... «Bauer»... «Urquijo»...

Voces que suenan en la noche como una suprema apelación a vuestra piedad y a vuestro recuerdo.

«Torrecilla»... «Infantado»... «Fernán Núñez»... «Medinaceli»...

Los ateos

CUADRO PRIMERO

Interior de una taberna establecida en la calle del Peñón[1], a dos pasos del Campillo de Mundo Nuevo.

Es de noche. El aire de la *tasca*[2] enrarecido por el humo de los cigarros, amengua la luz de las débiles bombillas, dando aspecto siniestro a aquellas gentes famélicas y desarrapadas que llenan las mesas.

Se huele a vino, a tabaco, a guisos fuertes.

En el velador de un rincón acaban de comerse unos *livianos*[3] y de apurar unos *quinces*[4], previamente jugados al mus, BALDOMERO EL BIZCO, NICOMEDES EL SOGA, el SEÑOR EULALIO y el SEÑOR FLORO.

PEPE EL MALAGUA, dueño del local, les hace los honores *osequiándoles* con unas *limpias*[5] de Monóvar.

---

[1] *calle del Peñón*, hoy de Carlos Arniches.
[2] *tasca*, 'taberna'.
[3] *livianos*, 'menudillos, trozos de asadura'. De la quinta acepción de esta palabra en el Diccionario de la Academia de la Lengua Española: 'Pulmón. Úsase más en plural'.
[4] *quinces*, 'vaso de vino que costaba quince céntimos'.
[5] *limpias*, 'copas de vino'. Besses (*Diccionario de Argot español*, Barcelona, 1906), indica: «Tomar unas limpias. Beber vino.» El origen de la denominación posiblemente se halle en la costumbre que había de juntar y volver a servir —con conocimiento del consumidor— los restos de vino de las copas usadas —igual que con el «recuelo» del café—, de las que, precisamente, se diferenciaban las «limpias»...

Se habla a voces de la última cogida de un *fenómeno*[6].

De pronto, un poco confuso, suena a lo lejos, en el silencio de la calle, espaciado y solemne, el repiqueteo de la campanilla del Viático. Le sigue, como ruido complementario, el lento rodar de un coche.

En el interior de la taberna se hace un breve silencio.

El SEÑOR EULALIO, un poco indeciso, levanta la mano con disimulo y toca levemente la visera de su gorra.

Una ruidosa carcajada, que se deshace en aspavientos, en muecas de burla, y en soeces interjecciones, es el comentario que pone la reunión a la inofensiva reverencia del pobre anciano.

SEÑOR FLORO.—*(Muerto de risa.)* ¡Ja, ja, ja..., pos no se iba a quitar la gorra! ¡Ja, ja, ja!
SEÑOR EULALIO.—*(Un poco avergonzado.)* Hombre, yo...
BALDOMERO.—¡Amos, quite usté d'ahí, so beata!
SEÑOR EULALIO.—Pero, señores, el que un hombre haga una cosa porque tenga ciertos prencipios, no creo yo que...
NICOMEDES.—¡Te conocíamos como peón de mano, pero como santurrona!... ¡Ja, ja, ja!...
PEPE EL MALAGUA.—¡Medio siglo haciéndonos creer que se desayunaba con acólitos en pepitoria, y de pronto nos resulta un *cofrade!*[7]
SEÑOR EULALIO.—Hombre, hacer el favor de no insultar.
SEÑOR FLORO.—Eulalio, vas camino del *jaimismo*[8].
SEÑOR EULALIO.—*(Ya amoscado[9].)* ¡Voy camino de la

---

[6] *fenómeno*, en este caso, figura destacada de la tauromaquia.
[7] *cofrade*, 'persona que pertenece a una cofradía'.
[8] *jaimismo*, se aplicaba la denominación de *jaimistas* a los partidarios de Don Jaime, representante entonces, para los carlistas, de la rama legítima de los Borbones. Ramón Pérez de Ayala, en un ensayo escrito en 1917 y recogido en su libro *Política y toros* (Madrid, 1925, pág. 103), indica: «Partido jaimista, compuesto por adalides y propugnadores de la que ellos consideraban rama legítima de los Borbones, cuyo representante actual es don Jaime. Primeramente se llamaron carlistas...»
[9] *amoscado*, 'enfadado'.

Venta de la... Rubia! ¡Señor, miá tú que tendrán que ver las narices con el buen tiempo!
SEÑOR FLORO.—*(Dando un enérgico puñetazo sobre la mesa.)* Entonces, ¿por qué saludas ante las patrañas eclesiásticas?
SEÑOR EULALIO.—Saludo porque no creo que haga falta la desageración en cosa ninguna. Porque yo no es que pise una iglesia, que eso, Dios me libre...; pero tampoco soy como tú, que porque un día *estornudastes* en la calle y te dijeron «Jesús», tuviste un juicio de faltas. Ni soy como ése, que no pasa un cura por su lao, que no le profiera una ofensa, bien oral, bien mímica. Yo no me persigno ni creo en esas pamplinas [10] de santos ni de novenas; pero, señor, una meaja [11] de fe en algo hay que tenerla.
SEÑOR FLORO.—¡Fe en el progreso humano!
TODO EL CONCURSO QUEDA PENDIENTE DE LA DISCUSIÓN. ¡Mu bien!
SEÑOR EULALIO.—Estoy en ello; pero yo lo que te digo, Floro, es que tié que haber un Ser superior, llámese Dios u llámese como se llámese, que haiga formao este Universo que nos cobija.
SEÑOR FLORO.—Aquí no hay más Dios ni más ser que la Naturaleza madre y su produzto, que es el hombre, animal soberano y libre; y tóo lo demás que te digan, zanahorias condimentadas.
SEÑOR EULALIO.—¿De forma que tú crees que el mundo se ha hecho solo?
SEÑOR FLORO.—De un modo automóvil, sí señor.
SEÑOR EULALIO.—¿Y de dónde ha surgido?
SEÑOR FLORO.—Del caos.
SEÑOR EULALIO.—*(Dudando.)* ¡Qué caos, ni qué cacaos!... ¿Y qué es el caos, vamos a ver?
SEÑOR FLORO.—La nada flotante.
NICOMEDES.—*(Admirado.)* ¡No le coge en una!

---

[10] *pamplinas,* fig. y fam. 'cosa de poca entidad, fundamento o utilidad'.
[11] *meaja,* 'migaja'.

Señor Floro.—Y pa que te enteres de lo que no sabes, te diré que este globo terraquio que habitamos no es ni más ni menos que una corteza desprendida de otro planeta que se ha enfriao.
Un oyente.—Iría de verano.
Señor Floro.—*(Muy molesto.)* Al que se chufle [12] cojo una botella y le hago una alusión personal en las narices.
Varios.—Callarse, hombre. *(Silencio profundo.)*
Señor Eulalio.—Entonces, dime a mí, ¿qué soy yo, vamos a ver?
Señor Floro.—Un mísero gusano dedicao a la albañilería y nacido de la putrefación terraquia.
Señor Eulalio.—¡Arrea! ¿Yo gusano?... Hombre, Floro, dices unas cosas...
Señor Floro.—Chist...; aquí todo se prueba, como en las sastrerías. Ejemplo práztico de tu gusanez: coges un pedazo de queso, lo tiras a ese rincón, vuelves a los quince días y lo encuentras fermentao.
Señor Eulalio.—Eso será si no hay ratas, porque si hay ratas no lo encuentras.
Señor Floro.—Aquí tienen gato. Por eso he puesto el ejemplo. Pues de la misma forma que el queso fermenta y salen gusanos u seres móviles y vividores, lo mismo de la cáscara mundial salieron seres u gusanos, que somos tú y yo, éste y ése, la Inacia, la Tadea y personas que nos acompañan.
Todos.—¡Muy bien!
Un oyente.—Eso no es posible, señor Floro.
Señor Floro.—¿Quién ha graznao esa negativa?
Un oyente.—Servidor; porque si yo creyera que una mujer con unos ojazos y unas formas como las de su cuñada de usté era produzto de un pedazo de queso, yo tiraba una bola. *(El auditorio ríe.)*
Señor Floro.—*(Amoscado.)* Tiés una cabeza, mi amigo, que la incluyes en un puesto de melones y no desme-

---

[12] *chufle,* de *chuflar,* sobre *chufla,* 'cuchufleta, dicho o palabra de broma o chanza'.

rece. Estoy filosofeando, y, por lo tanto, hablo en sentido hipotecario, ¿estamos?

Un oyente.—Ah, bueno, usté disimule.

Señor Floro.—No hay de *queque*. Orejita es lo que hace falta pa saber oír. Y voy a rematar. Por lo tanto, Eulalio, ni hay ser superior, ni cielo, ni purgatorio, ni andróminas [13] de ésas. En este mundo no hay nada más que este mundo, donde está todo, lo bueno, lo malo y lo entreverao. Y el día que te mueras vuelves al seno de la tierra materna y te haces polvo, fósforo, gaseosa... nada. ¡He dicho!

Delirantes aplausos y risas soeces acogen las últimas frases del ateo. El señor Eulalio, reducido al silencio por la explosiva dialéctica de su rival, calla en un rincón.

Otra vez vuelve a oírse la campanilla del Viático, que regresa. Se va acercando, acercando... Al fin, pasa, y, cada vez más lejana, se pierde en el silencio de la calle desierta, seguida del lento rodar del coche.

Aquella pobre gente, a pesar de todo, deja de reír.

Mutación

---

[13] *andróminas,* 'embustes, enredos con que se pretende alucinar'.

CUADRO SEGUNDO

Interior de una alcoba humilde en una casa pobre. Son las dos de la madrugada.
En la oscuridad suena el tictac vigilante de un reloj.
Tendidos en una modesta cama, duermen el implacable ateo SEÑOR FLORO y la SEÑÁ FELIPA, su consocia. De pronto, el pobre hombre despierta, da un grito agudo y se lleva las manos al lado izquierdo del pecho, incorporándose, lívido y tembloroso.

SEÑOR FLORO.—¡Ay, madre!... ¡Ay, Felipa!...
SEÑÁ FELIPA.—*(Despertando aterrada.)* ¿Qué te pasa, Floro? *(Enciende la luz).*
SEÑOR FLORO.—¡Ay, Felipa, qué dolor! ¡Ay que me muero!
SEÑÁ FELIPA.—Pero, ¿qué t'ha dao?
SEÑOR FLORO.—¡Ay, que no lo sé!... ¡Ay, que tengo aquí un puñal!
SEÑÁ FELIPA.—*(Echándose de la cama.)* Pero, ¿dónde?
SEÑOR FLORO.—¡Ay, en esta parte!... ¡Ay, que llamen a un médico, que yo no puedo respirar! ¡Ay, Felipa, que es un dolor de costao!... ¡Ay, que yo no sé qué tengo!
SEÑÁ FELIPA.—¡Por Dios, hombre, no te apures!

Atacado de una aguda neuralgia intercostal, el SEÑOR FLORO sigue quejándose con amargos lamentos; mientras la SEÑÁ FELIPA se echa una falda y corre a llamar a los vecinos.
A poco, el cuarto se llena de gente a medio vestir, que anda de un lado para otro, perpleja y estuporizada.

VECINA PRIMERA.—Pero, ¿qué ha sido?
VECINO PRIMERO.—Pero, ¿qué tienes, Floro?
VECINA SEGUNDA.—Debe ser algo que le ha hecho daño.

Vecino segundo.—¿Qué cenaste anoche?
Señor Floro.—¡Ay, que no lo sé!... ¡Ay, que yo me muero!... ¡Salvarme, por lo que más queráis!
Uno.—¡Eso ha sido la mojama!
Una.—¡Pué que sea flato!
Otra.—Hacerle tila.
Otro.—Darle aceite.
Vecino primero.—Ponte boca abajo.
Vecina segunda.—Calienta una franela.
Señá Felipa.—Matías, por Dios, vete a la Casa de Socorro y que venga un médico.
Matías.—Voy en un vuelo. *(Sale disparado.)*

Dan al enfermo aguas cocidas, unturas; le aplican bayetas, ladrillos calientes...; todo inútil. La violencia del mal no cede. El señor Floro, en el paroxismo del dolor, da gritos desesperados y espantosos, revolcándose en la cama.

Señor Floro.—¡Ay, que me muero...! ¡Ay, que no puedo más!... ¡Ay, Virgen del Carmen, quítame este sufrir, por lo que más quieras!... ¡Ay, Dios mío de mi corazón!...

La señá Escolástica, una vieja motejada de beata por la vecindad, se acerca al lecho.

Señá Escola.—Hombre, señor Floro, como tié usté esas ideas, yo no me he atrevido a decirle a usté una cosa... Pero ahora que le oigo a usté mentar a Dios y a la Virgen Santísima, si usté quiere, yo le daré un remedio que se le quita ese dolor en dos segundos.
Señor Floro.—*(Incorporándose. La mira con ojos ávidos.)* ¿En dos segundos?... *(Abrazándose a ella.)* ¡Ay señá Escola de mi vida, dígamelo usté, por su madre, sea lo que sea, antes que me muera!
Señá Escola.—Pues que yo tengo unos sellitos de la Virgen de la Paloma, ¿sabe usté?... que se rebuñan un poco, se hacen como una bolita. Se tragan en un sorbito de agua, se reza con fe un «Dios te salve, María», y al menuto, curao.
Señor Floro.—*(Mirándola con angustia.)* ¡Ay, señá Escola!... ¡Ay, que yo no puedo hacer eso!

SEÑÁ ESCOLA.—Pero, ¿por qué?
SEÑOR FLORO.—Mis ideas, que no me dejan.
SEÑÁ ESCOLA.—¡Pero no ve usté que si se muere ya no va usté a tener ninguna idea!...
SEÑOR FLORO.—¡Ay, señá Escola, no me haga usté ajurar de mi credo, que es no creer en náa...!
SEÑÁ ESCOLA.—¡Pues vaya un credo!
SEÑÁ FELIPA.—¡Amos, Floro, tómate el sello, que dicen que se han visto casos milagrosos!
SEÑOR FLORO.—¡Ay, que no puedo!... ¡Todo menos eso!
SEÑÁ ESCOLA.—Pero, ¿qué le ha hecho a usté la Virgen de la Paloma?
SEÑOR FLORO.—Si no es la Virgen, es Lerroux [14], que me pondría como un trapo si lo supiera.
VECINO PRIMERO.—¿Y quién se lo va a decir?
SEÑÁ ESCOLA.—Hale... traer agua... Aquí tié usté el sello bendito... A tomárselo.
SEÑOR FLORO.—¿Pero, yo?... ¡Una cosa eclesiástica!...
SEÑÁ FELIPA.—Tómatelo con fe, Floro.
SEÑOR FLORO.—¡Ay, bueno; lo tomaré porque no puedo más de dolor; pero, por Dios, no se lo digáis a Pablo Iglesias [15], que ya no me saludaría!
SEÑÁ ESCOLA.—Adentro.
SEÑOR FLORO.—(*Después de tomarse el sello.*) ¡Ay, ya está...! ¡Ay, Virgen Santa, dispénsame en lo que te haiga faltao; pero quítame esta punzada, que me atraviesa, y en cuanto me levante te llevo un albañil de cera!...

Da un gran suspiro. Los quejidos son cada vez más débiles. A poco, se duerme. Las mujeres rezan en voz baja.

Mutación

---

[14] *Alejandro Lerroux* (1864-1949), político español, representante por entonces de la tendencia de extrema izquierda.
[15] *Pablo Iglesias* (1850-1925), político español, fundador del partido socialista obrero español.

CUADRO TERCERO

En la calle de la Ventosa se hallan departiendo animadamente el SEÑOR EULALIO, insultado la noche antes por *clerical* en la taberna de la calle del Peñón, y el SEÑOR DIMAS EL CHURRERO.

El señor Eulalio refiere a su amigo el incidente del Viático, y éste, a su vez, le pone en autos de la *conversión* del señor Floro, su vecino, con el detalle del sellito y demás pormenores.

Se despiden. El SEÑOR EULALIO sube calle arriba. Al torcer por la de la Paloma se detiene estupefacto, viendo venir al SEÑOR FLORO, ojeroso y vacilante, camino de la iglesia. Trae un cirio en la mano, cubierto hasta la mitad con un pedazo de papel de periódico.

SEÑOR EULALIO.—*(Atajándole.)* ¡Adiós, Floro!
SEÑOR FLORO.—*(Aterrado.)* ¡¡Eulalio!! *(No sabe dónde meterse el cirio.)*
SEÑOR EULALIO.—*(Sonriendo.)* ¿Qué llevas en la manita?
SEÑOR FLORO.—Na; que, de paso que voy a la obra, unas vecinas me han dao el encargo de que traiga esta tontería ahí, a esa estupidez de iglesia que hay ahí en la...
SEÑOR EULALIO.—*(Acentuando su sonrisa.)* No te molestes... ¡lo sé todo!...
SEÑOR FLORO.—¿Te han contao lo de mi dolor de anoche?
SEÑOR EULALIO.—Y lo del sellito.
SEÑOR FLORO.—*(Bajando la cabeza avergonzado.)* Chico, Eulalio, la verdá, me hicieron hocicar[16]; pero es que

---

[16] *hocicar*, 'tropezar con un obstáculo o dificultad insuperable'.

me vi negro. Creí que la diñaba[17]... ¡Y cuando le ve uno los zancajos[18] a la muerte!...

SEÑOR EULALIO.—¡Qué me vas a decir, Floro!... ¡Yo era peor que tú! Yo te podía dar veinticinco pa cincuenta en custión de ateísmo. ¡Pero, amigo, un día —tú sabes la pasión que tengo yo por mi nieta, que no quiero otra cosa en el mundo—, pues fue el angelito y me cogió eso que le dicen la *dizteria,* que creí que me se moría! Chiquillo... de pensar yo que me iba a quedar sin aquel pispajo[19] que me se agarra a las rodillas toas las tardes cuando vuelvo de la obra, y que es mi único consuelo... Amos, que me dio una angustia interior, por dentro, que dije: «¡Dios mío, si me la salvas, me pongo hábito aunque sea!» ¡Y me la salvó! Por eso anoche, en la taberna, cuando pasaba el Viático, me quité la gorra. Hay que ser agradecido.

SEÑOR FLORO.—Tiés razón, Eulalio; dispensa las gansás que te dije.

SEÑOR EULALIO.—Quita, primo; si uno lo comprende todo. Cuando el hombre está bueno y sano y se encuentra en la taberna rodeao de cuatro necios que le ríen las gracias, el hombre es un valiente, que se atreve con to lo humano y con to lo divino; pero cuando cambia el viento, y viene la negra, y el dolor te mete acobardao y solo en el rincón de tu casa... Será uno to lo blásfemo que sea; pero yo te digo que no hay quien no levante los ojos pa lo alto y pida misericordia.

SEÑOR FLORO.—Esa es la chipén[20].

SEÑOR EULALIO.—En fin, con decirte que yo hasta me persigno por las noches...

SEÑOR FLORO.—*(Asombrado.)* ¿Y te acuerdas?

SEÑOR EULALIO.—Hombre, como es lo primero que le enseña a uno su madre... Y hago más.

SEÑOR FLORO.—¿Qué haces?

---

[17] *diñarla,* caló, 'morir'.
[18] *zancajo,* 'parte del pie donde sobresale el talón'.
[19] *pispajo,* derivado de *pispa,* 'muchachita vivaracha'.
[20] *chipén,* 'verdad'.

Señor Eulalio.—Pues que cuando paso por delante de una iglesia, pa saludar y que no me se burlen los compañeros, me quito la boina y me la sacudo de yeso.
Señor Floro.—A mí me se había ocurrido levantarme la visera de la gorra y rascarme, que también es disimulao.
Señor Eulalio.—Sí, pero eso no tié novedaz.
Señor Floro.—¿Tú crees?
Señor Eulalio.—Se lo he visto hacer a la mar de *ateos.*

TELÓN

Los ricos

En la calle de la Beneficencia, frente a la de San Vicente, y al pie de los muros alabeados del viejo Hospicio, hay una parada de carros.

Se ven en ocasiones ocho, diez, doce carritos en una ringla formada por turno escrupuloso.

Ellos asisten en sus menesteres accidentales de transporte a la varia e inquieta vida cortesana.

Llevan equipajes a las estaciones, trasladan el mísero ajuar de una humilde familia de un extremo a otro de Madrid, acarrean partidas de aceite, cargas de verduras, materiales de construcción.

Escuálidas caballerías, con míseros atalajes, tiran de estos destartalados carritos. Las pobres bestias, humillada la paciente cabeza o con el saco del pienso atado a la frontalera, aguardan para arrancar el clásico «¡Ríaaa, 'Coronela'!...» «¡Huesque, 'Generala'!...» Siempre una alta graduación.

En tanto, los carreteros, con los látigos colgados de los hombros, formando pequeños grupos, charlan a la sombra, apoyados en la pared de la casa frontera u orilla de la taberna más próxima, en espera de la solicitud de sus servicios.

En uno de estos grupos, una tarde de verano, a la hora de la siesta, se discute. Llevan la voz cantante Paulino el Morros y Serapio el Gurriato. Los demás subrayan, comentan, excitando a los interlocutores.

La discusión es viva, agria, enconada, como corresponde a un calor fuerte y a una digestión pesada, ácida.

SERAPIO.—¡Maldita sia!... ¡A mí, de qué!... Di tú, ¡me caso [1] en la brisca!, que tuviese yo el Poder en mis manos cinco horitas náa más, y que me hicían papilla si quedaba un rico pa contarlo.
PAULINO.—Pero ¿qué te han hecho los ricos?
SERAPIO.—Robarme.
PAULINO.—¡A ti!
SERAPIO.—A mí y a tóos los pobres. ¡Y que no me iba yo a hartar de machacar cabezas!
PAULINO.—De ajo.
SERAPIO.—De ajo y de tóo ladrón al que le cogiese arriba de cincuenta duros en el bolsillo... Que el que guarda más de lo que nesecita, se lo roba a los menesterosos.
PAULINO.—¡Gurriato, eres más negao [2] que una galga!
SERAPIO.—Lo que soy yo es que soy un tío que, con libertá y una navajita barbera en la mano, ibas tú a ver justicia en el mundo.
PAULINO.—Pero ven aquí, so troncho... Lo primero hay que razonar, que el que no razona, barbariza.
SERAPIO.—Pero ¿es que yo no razono?... Porque niégame lo mío, ¿tóos los hombres no semos iguales?
PAULINO.—Según en qué.
SERAPIO.—En todo. Semos igualmente de carne y hueso, con ojos, corazón, boca... A tóos nos gusta lo bueno... Pues ¿por qué lo tiene el tío marqués ese de la esquina y no lo tengo yo? Que me s'aclare el punto.
PAULINO.—Hombre, precisamente, por allí va la contestación. Fíjate en aquel jorobeta que sale del estanco. ¿Por qué andas tú derecho y a él l'han jorobao?
SERAPIO.—Hombre, porque él ha nacío con la coluna rota.
PAULINO.—Y tú has nacío con un celebro que es una

---

[1] Eufemismo.
[2] *negao*, 'torpe'.

brecolera [3], y por eso no sirves más que p'arrear un carro.

SERAPIO.—Eso...

PAULINO.—Eso es una verdá como una sandía. ¿U es que te figuras que eres pobre porque cuando naciste te pusieron un letrero en la espalda diciendo: «No darle dinero a este sujeto»? Tú no ganas más porque tiés una cabeza que es un adoquín con greñas.

SERAPIO.—Pue que te pienses que llevas tú una jografía [4] debajo e la gorra.

PAULINO.—Llevo cuatro canas experimentás y una mijita de sentido, y doy mis razones, lo que tú, no. Porque vamos a argumentar buenamente, que no hace falta ponerse por las nubes pa las cosas.

SERAPIO.—Venga.

PAULINO.—¿Qué era el señor Pelegrín, dueño de los carros que llevamos nosotros, antes de ser patrono?

SERAPIO.—Carretero.

PAULINO.—Como tú y como yo, ¿no es eso?

SERAPIO.—Igualitamente.

PAULINO.—¿Y no tié ahora un hotel en Pozuelo, que l'ha costao lo menos seis mil pesetas, con unos árboles que te tiendes a la sombra y te cubre casi la metá e la cabeza?... ¿No anda por ahí con una bicicleta mecánica de esas con zapatilla al lao [5], que el otro día le vi que llevaba dentro de la alpargata una socia que rompía las hostilidades de guapa que era?... ¿Y no luce un anillo, en no me recuerdo qué dedo, con una piedra que si te la tira te escalabra? Pues, habiendo empezao como nosotros, ¿por qué él se ha hecho rico y nosotros no?

SERAPIO.—¡Porque ha tenío suerte!

PAULINO.—¡Porque ha tenío... pepinillos en conserva, mia éste! Que ha trabajao de día y de noche, y que ha

---

[3] *brecolera*, 'especie de brécol'; *brécol*, 'variedad de la col común'.

[4] Geografía, con reducción del grupo vocálico.

[5] Se refiere a las motos con sidecar, que llamaban entonces la atención y gozaban de gran popularidad.

sío vivo y que ha sabío arriesgar a la ventura de un negocio las cuatro pesetas que tenía ahorrás.

SERAPIO.—¿Y eso no es suerte?

PAULINO.—Eso es trabajo y sabiduría pa las cosas y voluntá y agallas [6].

SERAPIO.—Que no me convences, Paulino. Las fortunas se hacen robando, y náa más.

PAULINO.—¿Y por qué no robas tú?

SERAPIO.—Porque no sé.

PAULINO.—Pues si no sabes ganarlo trabajando y no lo sabes robar, te jorobas, como yo, y callas.

SERAPIO.—Pero, ¡me caso en la brisca!, ¿es que voy a ver yo callao como un choto que haiga tanto pobre en la miseria, sin pan pa sus hijos, sin abrigo en ivierno, sin disfrutar en la vida de lo que se dice náa de náa..., y viendo que a cuatro pillos indecentes y vagos les sobra tóo, y se divierten y triunfan, y no son pa remediar lo más mínimo de un pobre?...

PAULINO.—Hombre, no exageres...

SERAPIO.—Ni una sed de agua te da un rico pa que no te mueras..., que eso no me lo niega a mí ni el Verbo.

PAULINO.—¿Que no?

SERAPIO.—No, señor... ¡Qué leñe!

PAULINO.—*(Con viveza.)* Bueno, vamos a ver: ¿ande tiés tus chicos?

SERAPIO.—En una escuela.

PAULINO.—¿Qué te cobran por ella?

SERAPIO.—Están de gratis.

PAULINO.—¿Quién te los mantiene?

SERAPIO.—La cantina escolar. ¡Pocas gracias que no me los mantuviesen!

PAULINO.—¿Y dónde está tu chica?

SERAPIO.—Se l'han llevao a los baños de mar, en una colonia de esas que dicen pa raquíticos... ¡Qué menos puén hacer!

PAULINO.—¿Y dónde estuvo tu mujer este ivierno pa que la curasen de la vista?

---

[6] *agallas*, 'valor'.

Serapio.—En un sanatorio del Patronato de señoras.

Paulino.—¿Y qué te han llevao por curártela, mantenértela y vestírtela?

Serapio.—¿Qué me van a llevar?... Tién obligación. Pa eso soy un pobre.

Paulino.—Claro que tién obligación, pues por eso lo hacen; pero tú también tiés obligación de ser agradecido y no negar la verdad; porque tú te comerás tóos los hígados de rico que te dé la gana, pero, a los postres, tiés que reconocer que te curan a una hija, te educan dos y l'han devuelto la vista a tu señora.

Serapio.—¡Pamplinas!... Pa tenernos medio callaos a los pobres... Pero lo que veo es que mientras yo estoy en mi casa sufriendo, ellos bien gozan.

Paulino.—Pero ¿qué es lo que quieres, que la aristocracia no vaya al teatro cuando tú te acatarras?... ¡Hombre, Gurriato, argumentas como una tenaja.

Serapio.—¡A ti lo que te sucede, Paulino, es que eres un asalariao de la burguesía y un borrego indecente, como otros tantos!

Paulino.—Anda, que te quiten pipas...

Serapio.—Y náa más.

Paulino.—Yo soy más hombre que tú en tóos terrenos, y exigiría a los ricos, y al Papa que fuese, que en lo que sea de razón me se haga justicia. Pero no me voy, como tú, por los cerros de Úbeda, y veo que las cosas del mundo las tenemos que arreglar tóos, altos y bajos, y, consecuente a ello, hago lo mío.

Serapio.—¿Y qué es lo tuyo?

Paulino.—Vivir honradamente y trabajar con alegría. Y si no, mía mi casa. Allí trabaja hasta el jilguero, que lo hemos domesticao, y si quie comer tié que subir a la percha con el pico el pocillo de los cañamones.

Serapio.—¡También son ganas de molestar a un pájaro!

Paulino.—¡Que se chinche! Porque lo mismo hacemos tóos. La Sebastiana, mi señora, que lo es tuya...

Serapio.—Está muy bien empleada.

Paulino.—Hablo en el buen sentido... Se pasa la tarde en Recoletos vendiendo globos, carracas y juguetería infantil. Mi Eleuterio, que cumple en marzo los dieciocho, elabora jaulas pa grillos, habiendo sido premiao en varias exposiciones internacionales y extranjeras.

SERAPIO.—Y los grillos también le debían de premiar, porque se escapan tóos. Al menos, de la que yo le compré.

PAULINO.—Mi chica cose prendas pa tropa, y al pequeño lo tengo de botones en una oficina, donde me lo llevan con un traje colorao precioso.

SERAPIO.—Como que cáa vez que me lo encuentro me recuerda la sobreasá de Mallorca...

PAULINO.—Y servidorito..., pues ya me ves, trajinando con el carro. Total: que tóos arrimamos el hombro, y que al cabo e la semana se saca pal piri [7], y toavía, cuando llega un domingo por la tarde, pues nos damos el lujo de irnos de parranda a la Moncloa, y así que se va haciendo noche, nos sentamos a la fresca debajo un pino, nos comemos una tortilla y una ensalá e lechuga, viendo salir la lunita, y tan ricamente. Luego, a casa, y al otro día, al trabajo..., y tan contentos.

SERAPIO.—*(Con rabia.)* ¡Contentos!

PAULINO.—Contentos. Ande no hay hambre no hay odio.

SERAPIO.—¡Maldita sea!... Me da asco oírte...

PAULINO.—¿A mí?... ¿Por qué?

SERAPIO.—Porque tú y tóos los que piensan como tú sois una recua de burros indecorosos, que estáis retrasando el día de la redención obrera..., el día glorioso en que se proclame que la propiedaz es un robo y que tóo tié que ser de tóos y que hay que repartirlo.

PAULINO.—¡Pero es que, por un por si acaso, si tú fuás rico!...

SERAPIO.—¡Si yo fuera rico!... ¡Me caso en la brisca!... ¿Sabes tú lo que yo haría si fuá rico?

PAULINO.—¿Qué harías?

SERAPIO.—Pues coger tóo mi dinero..., ¡todo!, y de-

---

[7] *piri*, 'cocido'. Es gitanismo.

cir: ¿Cuántos millones tengo? ¿Treinta, cuarenta?...
Pues me apartaba ocho pesetas diarias pal plato, y tóo
lo demás, a repartirlo entre los pobres. ¿Que a ti te falta
calzao?, pues unas botas; ¿que la Sebastiana no tié abrigo?, pues un mantón; ¿que allí no comen?, un diario
pa la compra; ¿que allí hay un enfermo?, medicinas...
Y no habría hambre, ni frío, ni miseria, ni necesidá, ni
nada... Yo lo daría tóo, yo lo repartiría tóo, y cuando
ya viese que con lo mío se habían remediao tóos los pobres... *(Interrumpiéndose.)* ¿Oye, qué hace aquél?

PAULINO.—Es Nicanor, que no sé lo que busca en la
bolsa de tu carro.

SERAPIO.—*(En voz alta, a* NICANOR.) Oye tú, ¿qué
buscas ahí?

NICANOR.—Náa, que por no interrumpirte no te he
pedio permiso; pero es que no tengo tabaco, y, como tú
tiés aquí una cajetilla sin empezar, te iba a tomar un
cigarro.

SERAPIO.—*(Indignado.)* Pues tómaselo a tu respetable agüelo, si te es lo mismo. ¡Vaya una frescura!

NICANOR.—Hombre, es que, como no tengo tabaco...

SERAPIO.—Pues te fumas el dedo. Suelta el cigarro...

NICANOR.—Pero, señor, por un pitillo...

SERAPIO.—Ni por uno ni por medio. Lo mío es pa
mí, y el que quiera echar humo, que le prendan fuego.

NICANOR.—¡Amos, pero estáis oyendo a este boceras!...

SERAPIO.—¡Boceras!... Y tú eres un gorrón indecente.

NICANOR.—Y tú, un...

La frase que queda en el aire, bastante molesta por
cierto para la señora del interesado, es como la espita,
que da paso a un chorro de insultos, blasfemias, golpes...

Aquel trozo de acera, durante unos minutos, no tiene
nada que envidiar a ningún frente de batalla. La toma
de Lemberg fue una pequeña discusión comparada con
el zipizape que arman aquellos energúmenos.

Por fin, el buen GURRIATO, al que interrumpieron,
cuando estaba repartiendo sus cuarenta millones, recoge

su pitillo, se limpia de sangre las narices, monta en su carro y se va blasfemando.

PAULINO.—*(Viéndole ir, sonríe irónicamente y hace este sencillo, este pequeño comentario.)* ¡Si este pobre fuera rico, pobres pobres!...

TELÓN

Los ambiciosos

Personas: Señá Isidora, cuarenta y cinco años bien llevaos. Jamona guapa, con mantón de alfombras, orlas de brillantes, zapato bajo y media transparente. Muy repeinada, presumiendo.
El Ojitos, veintitrés años. Chulillo jacarandoso, pinturero, bello ideal de la antedicha Isidora.
Rogelio Aracil, cincuenta y cuatro años. Sombrerero.
Señor Elpidio, sesenta años. Amigo del citado industrial.
Manolo el Cordeles, cincuenta años. Ex comerciante.
Lugar de la acción: una modestísima y pequeña sombrerería de la calle de Toledo.
Acaba de oscurecer. Empieza la noche del 24 de diciembre. Hace frío. Mucha niebla.
Dentro del establecimiento, el señor Rogelio enciende todas las luces: dos bombillas cansadas. A favor de aquella escasa claridad se ven correr largos lagrimones por los empañados cristales del escaparate.
Llega de la calle la confusa algarabía de los vendedores que pregonan graciosamente sus géneros; el monótono sonar de zambombas y panderas y el bullicio de la alegre multitud que desborda de la plaza de la Cebada, con el clásico besugo y la enorme lombarda.

En la sombrerería, el SEÑOR ROGELIO, detrás del mostrador, cambia la badana a un *cordobés,* y el SEÑOR ELPIDIO, sentado frente a él, viéndole trabajar, da grandes chupadas a un puro de quince con pintas.

De pronto abren la puerta del establecimiento y entran en él la SEÑÁ ISIDORA y. el OJITOS.

SEÑÁ ISIDORA.—Pero que muy buenas...
OJITOS.—... noches...
SEÑOR ROGELIO.—Muy buenas. ¿Qué se les ofrecía?
SEÑÁ ISIDORA.—¿Es usté el maestro, por un casual?
ROGELIO.—Servidor.
SEÑÁ ISIDORA.—Por muchos años. Pues náa, aquí este joven, ¿sabe usté?, que se l'ha antojao que ya no quié ir de gorra (y no sé por qué, que eso es aparte), porque es lo que más le dice[1]. Pero como es así, me ha dicho: «A ver si me compras un sombrero, chacha», y estábamos ahí enfrentito cuando ha dao usté la luz, y yo le he dicho: «Pos mira qué a punto... Pa luego es tarde», y nos hemos entrao, y ahora..., él dirá.
ROGELIO.—*(Al* OJITOS.) Usted dirá.
OJITOS.—Yo quisiera, ¿entiende usté?, un Sevillano negro, ala plana, cinta plomo, forro grana. Es capricho.
ROGELIO.—Hombre, tantas coincidencias, no sé; pero, en fin, a ver este modelo si le va. *(Le da un sombrero.)*
OJITOS.—*(Va al espejo, se lo coloca jacarandosamente y se encara con la* ISIDORA.) ¿Te dice?
SEÑÁ ISIDORA.—*(Levantándose y arreglándoselo.)* Trae que te lo ajuste. Suéltate la onda. Así. Mira para este lao. *(Le contempla un instante.)* No me dice.
OJITOS.—*(A* ROGELIO.) No le dice. *(Le devuelve el sevillano.)*
ROGELIO.—*(Alargándole un flexible marrón.)* ¿Quiere usté probarse un borsalino de éstos, que ahora se llevan mucho?
OJITOS.—*(Se lo pone. Volviéndose a la* ISIDORA.) ¿Y este marrón?

---

[1] *le dice,* 'le parece o sienta bien una prenda de vestir'.

Señá Isidora.—Aguarda que te lo ladee. *(Se lo ladea.)* Ven que te peine el tufo. *(Se lo arregla con una peineta que se quita del moño.)* Ponte de lao. *(Lo mira.)* Vuélvete. *(Lo vuelve.)* No me hace. *(Se sienta.)*

Ojitos.—*(A Rogelio.)* No le hace. *(Al alargar el brazo para devolverle el borsalino, tira un rimero de cajas que habrá sobre una silla.)*

Rogelio.—¡Hombre, por Dios, que me ha tirao usté las cajas!

Ojitos.—No le hace.

Rogelio.—¿Que no le hace?

Señá Isidora.—No le sienta el marrón.

Rogelio.—¿Y este sevillano verde foncé? [2]

Señá Isidora.—Tampoco le sienta.

Rogelio.—¿Tampoco le sienta el verde?

Señá Isidora.—Tampoco.

Rogelio.—¡Pues sí que me choca!... Pero, en fin, hay personas muy delicadas de gusto. A ver alguno de éstos. Son la última. No se lleva mejor.

El Ojitos, en veinticinco minutos largos, se prueba la sombrerería. Nada le va, le hace ni le dice.

Rogelio tampoco «le dice», por un resto, ya muy escaso, de prudencia.

Ojitos.—*(Devolviéndole el último sombrero.)* ¿Y no tiene usté más variedaz?

Rogelio.—Como no quiera usté probarse el recibo de la contribución, ya no nos queda otra cosa.

Señá Isidora.—Si ya te decía yo que en esta sombrerería no tién más que juegos de cacerolas.

Rogelio.—Señora, poco a poco. Aquí tenemos lo que hace falta pa hombres. Y sírvase de no zaherir.

Ojitos.—*(Amoscado.)* ¡Pero si es que no le gusta ningún sombrero, señor!

Rogelio.—Pues si no la gusta ningún sombrero, que

---

[2] Palabra francesa, que significa 'subido, oscuro, hablando de colores'.

le lleve a usté con toquilla, que es más airoso; pero que no falte.

Ojitos.—¡Yo con toquilla!... ¡Maldito sea el cogollo!... Oiga usté, tío chapirindoy[3].

Señá Isidora.—¡Ay, por Dios, no te acalores, Manolo, que después te llenas de fuego!

Rogelio.—¡Póngale usté fécula!...

Ojitos.—¡En las narices!... A usté sí que le voy a poner yo...

Señá Isidora.—Anda, no te metas. Déjalo a ese tío liendre... *(Salen renegando y cierran con violencia.)*

Rogelio.—¡Amos! Pero ¿no estás viendo? ¿Hay calma pa aguantar esto?... ¡Esta vida es una miseria, un asco, una gorrinez! ¡Que tenga uno que sufrir..., maldita sea!

Elpidio.—No te enfades, hombre, no te enfades y déjalo estar.

Rogelio.—¡Qué déjalo estar ni qué zanahorias! ¡Pos menudo día de Nochebuena me están atizando!... Esta mañana el cura de San Fidel, que me ha mandado la teja hecha una oblea, porque dice que el ama se le ha sentao encima. Total, un planchao. Luego, don Cipriano, el catedrático de San Isidro[4], que me envía la chistera pa que se la arregle, aprovechando lo que sea posible, y tiene el forro sucio, las alas rotas, la felpa mala y la badana peor. ¿Qué aprovechas de una chisterita así?

Elpidio.—Como no aproveches el hueco...

Rogelio.—Pos ahí está. Y pa postre, estas dos aleluyas iluminadas que acaban de irse. Y aquí tiés a un hombre, jorobao tóo el santo día, aguantando pelmeces de unos y de otros, trabajando como un negro, pagando siete contribuciones municipales, cuatro industriales y cinco transitorias, pa comerte un pedazo de pan mermao y un cocido escuálido! ¿Es aguantable este indecente vivir, Elpidio?... Dímelo, por tu salú: ¿es aguantable?...

---

[3] *chapirindoy*, 'sombrerero'. Gitanismo derivado de *chapiri* o *chápiro* (vid. M. Seco, *op. cit.*, pág. 325).
[4] Instituto Nacional de Enseñanza Media «San Isidro», en la madrileña calle de Toledo.

ELPIDIO.—Ten pacencia, Rogelio, ten pacencia, que te lo tengo dicho miles de veces. La vida hay que tomarla por donde mejor se agarre, y en vez de desesperarte y renegar, como estás renegando siempre, de tóo lo humano y lo divino, pos toma las cosas con resinación y alegría, y si te sientas a la mesa pa comerte un arenque, pues que no parezca que le estás haciendo un funeral; te lo comes en tiempo de barcarola, y lo que te rías, eso sales ganando.

ROGELIO.—Si es que tú pa tóo tiés una cachaza..., que yo te envidio. ¡No sé cómo eres!

ELPIDIO.—¡Pero, señor, y qué saco con mesarme desesperao los dos tristes mechones que me sobreviven? ¡Porque es que tú te pones que das fatiga!

ROGELIO.—No puedo remediarlo, Elpidio, la verdá; tenemos un carázter distinto. Yo creo que esto no es vivir, que no estoy en lo mío. Yo no me conformo con mi suerte, ¡vaya!

ELPIDIO.—¡Amos, Rogelio, en serio te lo digo: no seas ambicioso! Tiés salú, tiés una mujer honrá, tiés trabajo. ¿Qué más quieres?

ROGELIO.—Hombre, claro: si miras la vida así, en pormenor, dicho se está que no puedo quejarme. Pero ca hombre tié sus máximas, y yo tengo las mías: aspira y progresarás. Me ahoga esta vida, me ahoga esta tienda me ahoga este barrio... Y dende chico tengo dentro de mí una cosa secreta que me dice que pelee, que busque, que no estoy en mi centro, que mi fortuna está en lo desconocido, en lo inesperao... ¡Que yo seré rico!

ELPIDIO.—Humareda y na más que humareda, Rogelio. No seas quimerero, y sigue en lo tuyo y adelante, y hazle caso al tonto que te lo dice, créeme a mí.

ROGELIO.—No me convences. Cada hombre tié su estrella y ha nacío pa una cosa. Tú has nacío jilguero, yo he nacío cóndor.

ELPIDIO.—¿Con quién?

ROGELIO.—Cóndor. Y vaya: ¿quies que te diga claramente de qué me proviene el disgusto que tengo dende ayer?

ELPIDIO.—Sí, hombre, ya lo creo.

ROGELIO.—Voy a contártelo. Mira, Elpidio: tú sabes la fe que tengo yo en los sueños; pues bien: la otra noche, de que me acosté, me quedé roque como un tronco, y voy, y sueño de buenas a primeras que me habían hecho teniente alcalde de la Inclusa.

ELPIDIO.—¡Repeine! [5]

ROGELIO.—Lo que oyes. Conque, seguidamente, me emperejilo de levita y chistera pa irme a tomar posición de mi cargo, y de que llego a la plaza de la Villa, más estirao y más elegante que Tamames [6], va un pajarito de un árbol, y, ¡zas!, me deja caer una mota en la felpa del sombrero. ¡Pero qué mota, chiquillo!... Impropia de un pájaro. Conque me despierto, le cuento el sueño a mi mujer y me dice: «Eso es buena suerte. Vamos a llamar a la señá Dolores que te eche las cartas.»

ELPIDIO.—¡Qué suprestición!

ROGELIO.—La llamamos, viene y me sale una sota de oros con el seis de bastos, que, como sabes, es dinero próximo... «Tienen ustés que jugar a la lotería», fueron sus palabras. No lo había dicho, cuando agarro yo cien pesetas que teníamos ahorrás pa estas Pascuas, y me compro un décimo. Excuso decirte que se lo pasé a Nicomedes por la joroba, lo cual que de poco me cuesta un disgusto serio; y que después lo metí detrás del cuadro de la Virgen de la Paloma. En fin: tóos los requisitos p'al gordo... Pues bueno: se sortea..., ¡y como si le hubiá hecho cosquillas a un talego!... Ni dos reales.

---

[5] Exclamación asimilable al caso de las que han sido denominadas «interjecciones improvisadas», con la palabra *peine* sugerida por el local —una sombrerería—, precedida del prefijo *re-* de carácter intensificador (*vid.* M. Seco, *op. cit.*, págs. 124-5 y 233-4).

[6] El Duque de Tamames, personaje famoso en la vida social madrileña de este tiempo y caracterizado por el rumbo de su existencia y por su generosidad y elegante distinción. Amigo de actores y aficionado a los ambientes teatrales, llegó a prestar muebles suyos, para algunas representaciones, a la compañía de María Guerrero y Fernando Díaz de Mendoza.

¿Comprendes ahora mi desesperación, Elpidio; comprendes esta rabia que tengo, que...? ¡Maldita sea!...
ELPIDIO.—Vamos, hombre, cálmate.
ROGELIO.—¡Es que yo soy mu desgraciao, está visto! ¡Figúrate tú la felicidaz si me cae! ¡Sesenta mil durazos!... ¡Considera qué alegría!... ¡Porque aún me acuerdo con rabia de lo del año pasao!...
ELPIDIO.—¿Lo de Manolo el Cordeles?
ROGELIO.—Lo de Manolo; ya lo vistes. ¡Y sin merecérselo, porque es un animal de bellota!... Va, compra un décimo, y sin más ni más, le tocan las trescientas mil pesetas. A las dos semenas traspasó la cordelería, y hoy lo tienes en la cae Serrano hecho un caballero, fumando cáa puro como una estaca y con un brillante en el miñique, que es un refleztor.
ELPIDIO.—¿Y sabes tú si con tóo eso será feliz?
ROGELIO.—¡A ver qué vida!... ¡Pos no sé qué más quiere!...
ELPIDIO.—Bueno, bueno, Rogelio... Déjate de lamentaciones y tontunas; apaga, échate el cierre y ámonos a la plaza Mayor, que está muy animada y he visto pasar hacia allá unas socias que invitan al turrón.
ROGELIO.—No tengo humor pa náa; pero vamos andando.

El sombrerero se dispone a cerrar la tienda. Al abrir la puerta para bajar el cierre metálico, se encuentra sorprendido con la presencia de MANOLO EL CORDELES.

MANOLO.—*(Se acerca con el cuello del gabán subido. Le da una palmada en el hombro.)* Adiós, Rogelio.
ROGELIO.—*(Asombradísimo.)* ¡Manolo!... ¡Chiquillo, pero quién iba a pensarse, después de un año!...
ELPIDIO.—*(Abrazándole.)* ¡Caramba, tú por aquí!
ROGELIO.—Oye: pero que acabábamos de mentarte.
MANOLO.—Gracias por el recuerdo.
ELPIDIO.—Ahora sí que podíamos decir aquello de que en nombrando al ruin de Roma...

Rogelio.—Pero ¿qué te pasa, que estás así como triste?
Manolo.—(Con honda melancolía.) No, nada...
Elpidio.—¿Y qué te trae por tus antiguos barrios?
Manolo.—Nostalgias.
Rogelio.—¿Y qué es eso?
Manolo.—Una cosa que se dice mucho por el barrio de Salamanca.
Rogelio.—Pues, chiquillo, aquí estábamos éste y yo envidiándote por la suerte que tuviste con la lotería.
Manolo.—(Con amargura.) ¿Envidiándome?... ¡Maldita sea la hora en que me tocó el gordo, Rogelio!
Rogelio.—Pero ¿qué dices?
Manolo.—(Abrazándole con aflicción.) ¡Ay Rogelio, por qué me caerían a mí los sesenta mil duros, tan feliz como yo era vendiendo cordeles en mi tiendecita!... ¡Con las Nochebuenas que hemos pasao juntos!... ¿Os acordáis?... Un besugo, una lombarda, un peazo turrón..., y vengan villancicos, y ande el jolgorio, y risotadas por aquí, y baileteo por allá... (Con tristeza.) ¡Mientras que ahora!...
Elpidio.—¡Pero, Manolo, te estoy oyendo y me paece mentira!
Manolo.—(Con decisión.) Náa, chicos: ¡la verdá! Me he venío huyendo de mi casa, de aquellas calles tristes y solitarias, buscando el barullo, la gresca de mi barrio..., buscando mis amigos, mi gente..., ¡mi vida de antes, mi vida de toa mi vida!...
Rogelio.—Pero ¿no eres feliz?
Manolo.—¡Qué voy a serlo!
Elpidio.—Pero ¿es que te molesta el dinero?
Manolo.—No es que me molesta, Rogelio; decir eso sería una locura. Pero es que el dinero no es la felicidad, creerme a mí. No lo es. Y pa que os convenzáis, oír mi historia de rico en dos palabras.
Los dos.—Venga.
Manolo.—Bueno; ya os acordaréis que cobrar yo el gordo y salir danzando de aquí, todo fue uno. La pri-

merita burrada que hicimos consistió en mudarnos a una casa con calefacción, porque mi mujer, que es una necia, empezaba a abusar en cuanto venían las vesitas, y por lucir la temperatura agarró una pulmonía doble que de poco se las pira.

ELPIDIO.—¡Qué atrocidá!

MANOLO.—Tres meses en cama. Yo también introduje un remo; pero lo mío tie más disculpa, porque fue que con objeto de desquitarme de las hambres que había pasao en la juventú, pos no salía de casa que no me metiese en un restaurán. Total: que la tomé con Casersa y me puse de mayonesa y de salmón grillé, que perdí el estómago, y a pesar de llevar ocho meses padeciendo, me ha quedao un asco, que cierro los ojos y tóo lo veo color salmón; no os digo más.

ROGELIO.—¡Sí que es horrible!

MANOLO.—Hace medio año que estoy a dieta láztea, tengo que beber una de aguas minerales que me las dan con cañería, y me he gastao más de dos mil duros en médicos.

ELPIDIO.—¡Pues sí que la cosa...!

MANOLO.—A tóo esto, la Ugenia, mi chica, está desesperá, porque, como sabéis que bizca una meaja el izquierdo, pos no hay forma de que le caiga bien dengún sombrero, y en cuantito que se compra uno nuevo y pasea por la Castellana, hace más gracia que una película de Charlot. Se la ríen en las narices.

ELPIDIO.—¡Pobre creatura!

MANOLO.—Total: que allí nos tienes en aquella casona, con la mar de calefacción, pero solos, tristes, aburridos, desesperaos y sin tratarnos con nadie, porque pa unos semos poco y pa otros mucho. Mi mujer siempre tosiendo, de resultas de la pulmonía; mi chica, a vueltas con las flores de trapo de sus dieciocho sombreros, a ver si da con el que la caiga bien, y yo, con una de Vichy [7] en el interior, que si me paro en una plaza y me ponen un grifo, surto al barrio.

---

[7] Agua mineral.

Rogelio.—¡Mi madre, qué panoramita!

Manolo.—Ahora decirme vosotros si no estaba yo mejor con mis cordeles, mi pobreza y mi alegría.

Elpidio.—*(A Rogelio.)* ¿Lo estás oyendo, ambicioso?... ¿Ves lo que yo te dije?... La felicidad del mundo no está en el dinero. Si es Dios el que la suministra, ¿cómo la va a poner precio fijo?... El cachito de alegría que se compra a veces un pobre con una peseta, ¡cuántos ricos lo quisieran por dos millones!...

Manolo.—¡La chipén! *(Telón.)*

Los tiros *

Sainete rápido

Lugar de la acción: la cabecera del Rastro.
Cae la tarde, una tarde de invierno, brumosa y fría.
La bulliciosa multitud discurre de un lado a otro.
Algunas verduleras, con los cestos vacíos y las faltriqueras al aire, después de haber hecho el balance del día, entran en la taberna de la calle de la Ruda a ver el *líquido* que resulta a su favor.
Un farolero enciende las luces, que van brillando sucesivas a lo largo de la Ribera. Un vendedor pregona a lo lejos: «Chuletas de huertaaa... ¡Que ahora queman!»

PERSONAJES

BIBIANO, cincuenta años. Albañil.
SALVINO, de la misma edad que el anterior. Huelguista.
SEÑOR ULOGIO, cuarenta y cinco años. Guardia de Orden Público. No interviene hasta el final.

---

* Este sainete, aparecido en la revista *Blanco y Negro* el 24 de enero de 1915, no fue incluido por su autor en el volumen *Del Madrid castizo*. Lo ha publicado después M. Seco (*op. cit.*, páginas 551-556).

El primero desemboca por la calle de las Maldonadas. El segundo baja rápido, nervioso, por la cuesta del Cerrillo del Rastro. Coinciden en la propia cabecera; casi se tropiezan. Se miran, se paran y, al fin, se abrazan.

BIBIANO.— ¡Salvino!
SALVINO.— ¡Bibiano!
BIBIANO.— ¡Muchacho! Pero ¿ánde vas tan ciego?
SALVINO. *(Con voz trémula por la emoción.)*— ¡Ay, Bibiano de mi alma...; déjame, déjame, por tu salú!
BIBIANO. *(Con asombro, mirándole la región frontal.)* Pero oye, pero ven acá... Pero ¿es que alquilas el celebro?
SALVINO.—¿Por qué lo dices?
BIBIANO.— ¡Como llevas papeles en la frente...!
SALVINO. *(Con amargura.)*—Dos peazos de aglutinante. *(Señalándose el izquierdo.)* Pos mira este ojo.
BIBIANO.— ¡Mi madre, qué berenjena! Pero ¿qué te ha pasao?
SALVINO.—Que he tenido un *pourparler*[1] con la Cipriana.
BIBIANO.—¿Con tu señora?
SALVINO.—Con mi señora.
BIBIANO.—¿Y te ha pegao?
SALVINO. *(Con gran energía.)*— ¡Me ha pegao!
BIBIANO.—¿Con tu carácter?
SALVINO.—No, con el suyo.
BIBIANO.—¿Y por qué no has cogío la estaca?
SALVINO.—Porque la había cogío ella antes. La Cipriana no deja tomar iniciativas.
BIBIANO.—¿Y por dónde ha empezao el fregao?
SALVINO.—Por una cacerola..., por una cacerola que me ha sido arrojada al *cranio* con una puntería que ya la quisieran los germanos pa Dunkerque[2].

---

[1] *pourparler*, voz francesa que significa 'conferencia, coloquio, conversación'; utilizada aquí con evidente ironía.
[2] Ciudad francesa a orillas del Mar del Norte.

BIBIANO.—Bueno; pero ¿móvil de la cosa?
SALVINO.—Pues el móvil ha sido mi hermano Quintín, por entremezclarse en asuntos que no le incumben. Tú ya conoces el genio de Quintín.
BIBIANO.—Un carácter inflexible. No pasa por movición mal hecha.
SALVINO.—Bueno; pues, además, ahora le ha dao por decir que en cuestiones de honra a él lo tronchan, pero que no lo torcen.
BIBIANO.—¡Es una frase!
SALVINO.—Pues, con estos antecedentes..., dame un cigarro, abre la trompa de Ustaquio, oye mi relato y dime si no soy el rigor de las penalidades.
BIBIANO.—Toma. *(Le da un cigarro.)*
SALVINO.—Gracias. Enciende. *(Le ofrece una cerilla.)*
BIBIANO.—Estimando. Prosigue.
SALVINO.—Pues es el caso que mis dos chicas, la Encarna y la Julia, que ya las conoces...
BIBIANO.—Bonitas, porque Dios quiere.
SALVINO.—...estaban cosiendo pa fuera. Como yo hace ocho meses que estoy de más y la Cipriana no tié ánde asistir, pues las pobres criaturas están tirando alante con el peso e la casa.
BIBIANO.—¡Lástima de hijas!
SALVINO.—Tenías que haberlas visto, Bibiano. ¡Qué afanarse...! ¡Qué trabajar encorvás sobre la máquina día y noche! Amarillas, medio ciegas, las dos anémicas, en los huesos..., ¡una compasión! Y no servía que las echásemos clavos en el agua pa *ferruginarles* la sangre.
BIBIANO.—Chuletas en vino las debíais haber echao.
SALVINO.—En ello estábamos; pero ¿de ánde las sacas? Porque los clavos los arrancas de la pared; pero las chuletas... Total, que las infelices me se iban quedando mustias, como dos geranios sin sol. Y tóo, ¿pa qué...? ¡Pues pa coser en dos días una docena de camisas de caballero, poniendo hilo y botones, y que las diesen ocho reales!

BIBIANO.— ¡Requince! [8]
SALVINO.— ¡Ocho reales por coser doce camisas, Bibiano...! ¡Doce camisas que no las cose Dato [4] ni por cinco mil duros!
BIBIANO.— ¡Qué va a coser!
SALVINO.— ¡Dos mujeres matándose todo el santo día por una peseta!
BIBIANO.—Eso es robar el pan de la miseria.
SALVINO.—Y quitarles a unas criaturas vista y salú y alegría...
BIBIANO.—Y ganas de ser honrás.
SALVINO.—Tú lo has dicho. Y con tóo este azacanarse, ¿qué resolvíamos? Pues irnos muriendo de hambre poco a poco y que las pobres creaturas no pudiesen ver un paseo ni salir de casa pa na. En fin, con decirte que no he podío entavía llevarlas al *cine*... [5]
BIBIANO. *(Asombrado.)* Pero ¿no han visto ninguna cinta?
SALVINO.—La de los calzoncillos que remiendan.
BIBIANO.— ¡Infelizas!
SALVINO.—Y claro, Bibiano, ¿qué iba a suceder? Pues que, hartas y desesperás, hablaron una noche con la señá Indalecia, la del patio, y tal que el sábado hará ocho días, mi hija Encarna, que es [l]a más arrojada, vino y me dijo, echando al cesto una camisa: «Bueno, padre; que cosa Concha.»

---

[3] Interjección, variante de ¡rediez! «... trasluce ya una artificiosidad que es la característica común de otras muchas exclamaciones formadas con *re-* y un sustantivo de evocación más o menos ridícula» (M. Seco, *op. cit.*, pág. 233).
[4] Eduardo Dato e Iradier (1856-1921), político del partido conservador, en el cual, al escindirse, quedó como jefe de un sector importante, el de los llamados «idóneos», frente al marxismo. Fue ministro de la Gobernación, de Gracia y Justicia, alcalde de Madrid, presidente del Congreso, presidente del Gobierno. Fue asesinado por anarquistas el 8 de marzo de 1921.
[5] La referencia al cine da testimonio de la extensión y popularidad del cine, que, inventado por los franceses hermanos Louis y Auguste Lumière en 1894, es la gran novedad artística y atracción popular de los primeros años del siglo.

BIBIANO.—¿Qué Concha? ¿Alguna amiga?

SALVINO.—No; ella se refería al general ese que hay en la Castellana[6]. Y de buenas a primeras, me se ponen los mantones, me se van de casa..., y ahí las tienes de tiradoras en el segundo equipo del Club Bullanga, pa lo que gustes apostar.

BIBIANO.—¿Las tiés en un tiro?

SALVINO.—Las dos. A una me la han puesto verde, y a la otra colorá.

BIBIANO.—¿Y cómo marchan?

SALVINO.—Pues trayéndose a casa de deciocho a veinticinco pesetas diarias de propinas y donativos; porque como ángel, ya sabes que lo tienen. Y la mayor me ha desarrollao una precisión en la puntería, que no hace disparo que no le atine al veinticinco.

BIBIANO.—¡Chiquillo, pues estaréis en la gloria!

SALVINO.—Como que ahora hemos empezao a percatarnos de lo que son riñones salteaos.

BIBIANO.—¡Miá si mi cuñada no fuera bizca!

SALVINO.—Que tire con el ojo izquierdo, primo.

BIBIANO.—Lo estudiaré. Oye, y entonces, nadando en esa opulencia que nadáis, ¿por qué ha sío la bronca?

SALVINO.—Pues por el calabaza de mi hermanito, ya te lo he dicho. Se han enterao de lo del tiro de las chicas, se ha presentao en casa y nos ha puesto que no quiás saber.

BIBIANO.—Habrá despotricao en gordo.

SALVINO.—Lo mejor que nos ha dicho es que tenemos menos dizrnidaz que un catre de tijera. Que la mujer no ha nacío pa andar a tiros, y que, si es una injusticia que el trabajo femenino no esté remunerao como es debido, que los que debemos andar a tiros somos los hombres, porque agrega que, después que todas esas po-

---

[6] El general don Manuel Gutiérrez de la Concha (1803-1874), marqués del Duero, destacado en las guerras carlistas del siglo XIX y muerto en la batalla de Monte Muro, al pretender apoderarse de Estella. Una estatua suya, efectivamente, figura en el paseo de la Castellana, a la altura de la plaza denominada actualmente de Gregorio Marañón.

bres chicas estén fogueadas, no va a haber fuerzas humanas que las haga[n] volver al trabajo. Y que el día que el Gobierno se decida (si se decide) a suprimir ese indizno tiroteo, que toda la juventuz femenina que está afinando la puntería en *bares* y *cafeses* va a ser un contingente pa la perdición social.

BIBIANO.—¡Qué bruto!

SALVINO.—¡Si paece mentira que sea mi hermano...! ¡Si es una acémila! ¡Miá que decir que le da vergüenza que, cuando tóos los hombres del mundo andan a tiros, en España no disparen más que las mujeres!

BIBIANO.—¡Es un necio!

SALVINO.—Yo, como es consiguiente, ante tanto esasbruto [7], le mandé a la... Puerta del Sol, a vender palillos de enebro, que es su oficio; pero la Cipriana, conmovida por la retahíla, se echó a llorar, le dio la razón y juró que iba a sacar a las chicas del tiro. ¡Vamos, oír yo aquello y ponerme como un basilisco, tóo ha sido uno! Les increpé, me increparon, surgió la bronca, mi mujer cogió una estaca, mi hermano cogió una silla, yo cogí la puerta, porque la cosa no estaba pa contemplaciones, y bajé las escaleras de cuatro en cuatro, y aquí me tienes decidido a proceder con energía. *(Mirando atrás.)* ¿No vienen?

BIBIANO.—No, no tengas cuidao.

EL SEÑOR ULOGIO. *(Acercándose al grupo.)*—¡Hombre, Salvino, me alegro de verte!

SALVINO.—Pues ¿qué pasa, señor Ulogio?

ULOGIO.—¿No sabes la nueva?

SALVINO.—¿Qué nueva?

ULOGIO. *(Mostrándole un periódico.)*—Lee aquí.

SALVINO. *(Que se queda lívido.)*—¡Mi madre! ¡Los tiros de señoritas suprimidos de *erre o*! *(Al SEÑOR ULOGIO, con gran estupor.)* ¿Qué es de *erre o*?

ULOGIO.—De Real Orden.

SALVINO.—¡La osa! ¡Mi ideal de no hacer nada, por el suelo...! ¡Los riñones, perdidos...! ¡Los escogidos de

---

[7] Caso de etimología popular, por cruce entre *exabrupto* y *bruto*.

quince[8], fuera de mi alcance...! Pero ¿quién ha decretao esa tiranía?

Ulogio.—Sánchez Guerra[9].

Salvino.—¿Sánchez quién?

Ulogio.—Guerra.

Salvino.—¿Guerra...? ¿Dónde vive...? Porque esto no lo dejo yo así.

Bibiano.—Oye, pero ¿le vas a pegar?

Salvino.—No sé lo que ocurrirá si me ciego; pero, por lo menos, lo que le voy a pedir es que no atente al porvenir de unos padres que no les da la gana de trabajar, porque por eso están en un país libre y que...

Bibiano.—Mira, Salvino, cálmate, y si vas a ver a ese señor lo que debes pedirle no es que vuelvan los tiros, sino que cuatro mercantiles sin conciencia no exploten el trabajo de las infelices mujeres.

Ulogio.—Tié usté razón. Eso sí que debían decretarlo de *erre o*..., como dice éste.

TELÓN RÁPIDO

---

[8] Cigarros puros de 15 céntimos.
[9] José Sánchez Guerra (1895-1935), político conservador, presidente del Gobierno (1922).

Colección Letras Hispánicas

ÚLTIMOS TÍTULOS PUBLICADOS

845 *Desengaños amorosos*, MARÍA DE ZAYAS.
   Edición de Alicia Yllera.
846 *Cuentos*, SERGIO PITOL.
   Edición de José Luis Nogales Baena.
847 *Hélices*, GUILLERMO DE TORRE.
   Edición de Domingo Ródenas de Moya.
848 *Poesía completa*, DIEGO DE SAN PEDRO.
   Edición de José Francisco Ruiz Casanova.
849 *El loco Estero*, ALBERTO BLEST GANA.
   Edición de Miguel Saralegui y Yosa Vidal.
850 *Negra espalda del tiempo*, JAVIER MARÍAS.
   Edición de José Antonio Vila Sánchez.
851 *Teatro completo (Farsas y églogas)*, LUCAS FERNÁNDEZ.
   Edición de Julio Vélez-Sainz y Álvaro Bustos Táuler.
852 *Viaje en autobús*, JOSEP PLA.
   Edición de Xavier Pla.
853 *Canciones populares amorosas*.
   Edición de Francisco Gutiérrez Carbajo.
854 *Crotalón*, CRISTÓBAL DE VILLALÓN.
   Edición de Alfredo Rodríguez López-Vázquez.
855 *Roma, peligro para caminantes*, RAFAEL ALBERTI.
   Edición de Luigi Giuliani.
856 *Fuera del juego y otros poemas*, HEBERTO PADILLA.
   Edición de Yannelys Aparicio Molina y Gustavo Pérez Firmat.
857 *Una luz imprevista (Poesía completa)*, MARÍA VICTORIA ATENCIA.
   Edición de Rocío Badía Fumaz.
858 *La Gatomaquia*, LOPE DE VEGA.
   Edición de Antonio Sánchez Jiménez.
859 *Libro de los gatos*, ANÓNIMO.
   Edición de David Arbesú.
860 *Historia del descubrimiento y conquista del Perú*, AGUSTÍN DE ZÁRATE.
   Edición de Marta Ortiz Canseco.
861 *Obra literaria reunida*, LUIS BUÑUEL.
   Edición de Jordi Xifra.
862 *El burlador de Sevilla*, ANDRÉS DE CLARAMONTE.
   Edición de Alfredo Rodríguez López-Vázquez.

863 *Pureza*, JUAN RAMÓN JIMÉNEZ.
    Edición de Rocío Fernández Berrocal.
864 *La Quimera*, EMILIA PARDO BAZÁN.
    Edición de Marina Mayoral.
865 *Máscaras*, LEONARDO PADURA.
    Edición de Ángel Esteban y Yannelys Aparicio.
866 *Las cuatro esquinas*, MANUEL LONGARES.
    Edición de Ángeles Encinar.
867 *Relación de la guerra de Cipre y suceso de la batalla naval de Lepanto*, FERNANDO DE HERRERA.
    Edición de Luis Gómez Canseco.
868 *Resonancias (Antología poética, 1964-2022)*, CLARA JANÉS.
    Edición de Jenaro Talens.
869 *Escenas de cine mudo*, JULIO LLAMAZARES.
    Edición de Carmen Valcárcel.
870 *La velada de Benicarló (Diálogo sobre la guerra en España)*, MANUEL AZAÑA.
    Edición de Francisco Caudet.
871 *El gallo de oro y otros relatos*, JUAN RULFO.
    Edición de Jorge Zepeda.
872 *El Solitario*, CONCHA MÉNDEZ
    Edición de Berta Muñoz Cáliz y Diego Santos Sánchez.
873 *Percusión*, JOSÉ BALZA.
    Edición de Juan Carlos Chirinos.
874 *Poesía completa*, MARILUZ ESCRIBANO PUEO.
    Edición de Remedios Sánchez (2.ª ed.).
875 *Canciones del suburbio*, PÍO BAROJA.
    Edición de Manuel García.
876 *Cuentos ciertos*, MAX AUB.
    Edición de Eugenio Maggi.
877 *Crónicas de la conquista espiritual de América (Antología)*.
    Edición de Mercedes Serna y José Luis Villar.
878 *Cuentos*, EMILIA PARDO BAZÁN.
    Edición de Juan Manuel Escudero Baztán.
879 *Las muertas*, JORGE IBARGÜENGOITIA.
    Edición de Antonio Sánchez Jiménez.
880 *Preludios de mi lira y otros poemas*, MANUEL DE CABANYES.
    Edición de José Francisco Ruiz Casanova.
881 *La mocedad de Bernardo del Carpio. El casamiento en la muerte*, LOPE DE VEGA.
    Edición de Alfredo Rodríguez López-Vázquez.

882 *Teatro completo*, ANA CARO DE MALLÉN.
　　Edición de Juana Escabias.
883 *Poesías*, LEANDRO FERNÁNDEZ DE MORATÍN.
　　Edición de Juan Antonio Molina Foix.
884 *La sombra*, BENITO PÉREZ GALDÓS.
　　Edición de Jesús Pérez-Magallón.
885 *Galíndez*, MANUEL VÁZQUEZ MONTALBÁN.
　　Edición de José Colmeiro.
886 *Me he cruzado con un hombre que pasaba (Antología de poesía y prosa)*,
　　JOAN SALVAT-PAPASSEIT.
　　Edición de Jordi Virallonga.
887 *El carnero*, JUAN RODRÍGUEZ FREYLE.
　　Edición de Ángel Esteban y Yannelys Aparicio.
888 *Los miedos*, EDUARDO BLANCO-AMOR.
　　Edición de Emilio Peral Vega.
889 *El último lector*, RICARDO PIGLIA.
　　Edición de Ricardo Baixeras Borrell.
890 *El Jarama*, RAFAEL SÁNCHEZ FERLOSIO.
　　Edición de Mario Crespo López.
891 *Brevísima relación de la destruición de las Indias*, BARTOLOMÉ DE
　　LAS CASAS.
　　Edición de José Miguel Martínez Torrejón.
892 *Poesía de los siglos XVI y XVII.*
　　Edición de Pedro Ruiz Pérez.
893 *Mamita Yunai*, CARLOS LUIS FALLAS.
　　Edición de Jorge Urrutia.
894 *Tres tragedias*, MARÍA ROSA DE GÁLVEZ.
　　Edición de Fernando Doménech Rico.
895 *Nos diferencia el cuerpo (Antología 1968-2022)*, ANTONIO CARVAJAL.
　　Edición de Francisco Silvera.
896 *Gertrudis. KRTU*, J. V. FOIX.
　　Edición bilingüe de Enric Bou.
897 *Poesía y prosa*, JOSÉ MARÍA EGUREN.
　　Edición de Gema Areta Marigó.

DE PRÓXIMA APARICIÓN

Yngermina o la hija de Calamar, JUAN JOSÉ NIEGO GIL.
　Edición de Consuelo Triviño Anzola.
La bella malmaridada, LOPE DE VEGA.
　Edición de Julián González Barrera.